『十四五』职业教育国家规划教材

Zhonghua Youxiu Chuantong Wenhua
Minsu Minfeng

主编 孔祥戡 苏茜

中华优秀传统文化 民俗民风（第二版）

中国教育出版传媒集团

高等教育出版社·北京

内容提要

本书是"十四五"职业教育国家规划教材。

本书围绕中华民族的民俗民风展开，较详细地介绍了中华优秀的民俗民风文化。全书共分为六章，分别是民俗、民风、民食、民间体育、民间技艺、华夏瑰宝。本书内容丰富，涵盖面广，具有系统性、知识性、文学性、趣味性等特点。本书有助于学生领略中华文明的包容、智慧与博大精深，进而提升人文素养，坚定文化自信。

本书适合作为职业院校各专业学生的人文素养类通识课程教材，也可作为学生的课外读物。

图书在版编目(CIP)数据

中华优秀传统文化民俗民风 / 孔祥戬，苏茜主编.
2 版. -- 北京 ：高等教育出版社，2024．9（2025.7 重印）.
ISBN 978-7-04-063121-0

Ⅰ．K892

中国国家版本馆 CIP 数据核字第 20242SS617 号

策划编辑　雷　芳　赵力杰　责任编辑　赵力杰　封面设计　张文豪　责任印制　高忠富

出版发行	高等教育出版社	网　　址	http://www.hep.edu.cn	
社　　址	北京市西城区德外大街 4 号		http://www.hep.com.cn	
邮政编码	100120	网上订购	http://www.hepmall.com.cn	
印　　刷	上海新艺印刷有限公司		http://www.hepmall.com	
开　　本	787 mm×1092 mm　1/16		http://www.hepmall.cn	
印　　张	9.5	版　　次	2019 年 1 月第 1 版	
字　　数	171 千字		2024 年 9 月第 2 版	
购书热线	010 - 58581118	印　　次	2025 年 7 月第 5 次印刷	
咨询电话	400 - 810 - 0598	定　　价	26.00 元	

编写委员会

主　编：孔祥戬　苏　茜
副主编：夏　韩　范　恒　陈　继
编　委：李云菲　曹春梅　陈　泽　何仲义
　　　　郝　维　李根栋　张　莉

前　言

中华优秀传统文化是中华民族语言习惯、文明习惯、学习习惯、生活习惯、劳动习惯、情感认同、价值取向、创新意识的集中体现，是中华民族的精神家园。中华优秀传统文化进校园、进课堂、进头脑，是强化中华优秀传统文化铸魂育人功能，落实以中华优秀传统文化涵养社会主义核心价值观，实现中华优秀传统文化传承发展系统化、长效化、制度化、规范化的重要举措。

本书于 2019 年 1 月出版发行至今，得到了老师、学生和社会人员的肯定，并于 2023 年入选首批"十四五"职业教育国家规划教材。本次修订，旨在使教材的育人立意更加精准鲜明，呈现方式更加丰富，进而帮助学生厚植中华文化底蕴，坚定文化自信。

一、修订原则

第一，坚持正确的价值导向。本书的修订以习近平新时代中国特色社会主义思想为指导，全面贯彻党的教育方针，落实立德树人根本任务，对传统民俗民风的选择做到批判地继承，有扬有弃、吸取精华、弃其糟粕，使之成为开启学生美丽人生的一把金钥匙，内化于心，外化于行，固化于习。

第二，遵循学生的认知规律。本次修订注重遵循学生的认知规律，选择的理论知识和案例贴近学生学习、生活实际，让学生感受中华优秀传统文化的深厚底蕴，培养学生爱祖国、爱家乡、爱人民的情感。

第三，突出学习目标体系。本书不追求面面俱到，而是选取较具代表性的文化习俗，并围绕知识、能力、情感和价值观目标展开阐述，突出学习目标体系，使其与新时代紧密结合，成为涵养社会主义核心价值观的重要载体。

二、修订理念

本次修订，我们把育人融入中华优秀传统文化课程教学全过程，引导学生认知中华优秀传统文化的独特魅力，增强传承中华优秀传统文化的意识；培育学生爱祖国的情感，涵养文明儒雅的审美情趣，吸收中华优秀传统文化的智慧；激励学生坚定文化自信，坚守行稳致远，富有中国心，饱含中国情，充满中国味。

三、修订特色

一是内容精当。在内容的选编上，沿着华夏历史发展的轨迹，以中华优秀传统文化为线索，以中华优秀传统文化精神为要义，以中华优秀传统文化激励人生为延伸。全书共分六章，包括民俗、民风、民食、民间体育、民间技艺、华夏瑰宝，集系统性、知识性、文学性、趣味性于一体，旨在以文化人、以德树人、以技立人、以美育人。

二是呈现新。本次修订，我们配套开发并有机融入了信息化资源，以二维码链接的方式附在书中，力求使本书直观生动，有趣可读。

三是学法活。我们鼓励教师开展"翻转课堂"，使学生内化中华优秀传统文化，提高学生的自主、合作、探究学习能力和团队合作意识，让学生在学习、体验、感悟、践行中坚定文化自信、文化自觉。

四是体例更新。在体例上主要增加了"学习目标""经典导入""拓展活动"等栏目，基础知识内容改为"知识探究"，使学生能够身临其境地学习，可读、可听、可视、可练、可互动，实现轻松学习、快乐学习、活学活用。

五是拓展读者对象。本书不仅适合职业教育、成人继续教育的学生使用，也适合党政机关、企事业单位、社会团体的工作人员业余学习之用。

在本书的修订过程中，我们借鉴了学界的一些最新研究成果。囿于水平，书中一定有或多或少的缺憾，恳请广大师生与读者提出宝贵意见，我们一定虚心听取意见，在今后的修订中使之更为完善。

编　者

目 录

第一章　民俗

第一节　节日民俗概述

学习目标

· 了解节日的起源与发展。

· 了解节日的仪式和特点。

· 理解节日的传统文化价值。

经典导入

九月九日忆山东兄弟

唐·王维

独在异乡为异客，每逢佳节倍思亲。

遥知兄弟登高处，遍插茱萸少一人。

议一议

　　中华传统节日凝聚着中华民族的民族精神和民族情感，承载着中华民族的文化血脉和思想精华。"每逢佳节倍思亲"反映出作者浓浓的乡情、亲情、友情。

知识探究

　　节日是人们在漫长的社会生活中约定俗成的、在特定的日子里举行的一种集体性习俗活动。广义的节日，指人类社会中的某一特定群体，为庆贺、祭祀、纪念、缅怀某一事件或某位人士而约定俗成或经一定机构批准确定的时日。狭义的节日，指特定的纪念日，也指传统的农事、纪念、庆贺或祭祀的日子。节日是民族和民俗文化的载体，是展现民族文化特色、追忆民族历史、表达民族意识、折射民族精神、增强民族凝聚力与民族认同感的最佳形式。在漫长的历史过程中，我国各民族形成了形式多样、内容丰富，有特殊文化意蕴的节日民俗，这些风俗习惯也是我国民族文化的重要组成部分。

一、节日的起源

节日的起源是一个缓慢、复杂的过程，从人类开始认识自然到认识自我，就有了联系和表达人与自然、人与人之间关系的节日，现在的节日中仍保留着许多古风遗俗。

（一）宗教和祭祀

宗教信仰是形成节日的主要原因之一。远在旧石器时期已经产生了原始宗教、神话传奇、祭祀禁忌，人们经常借助各种祭祀形式祈求神灵保佑。古人出于自然崇拜、祖先崇拜、英雄崇拜的心理而经常举行祭祀活动，久而久之，就形成了节日。一些神话传奇故事为节日平添了几分浪漫色彩，一些历史人物被赋予特殊的纪念意义，所有这些都被融合、凝聚在节日里，使中国的节日有了厚重的历史感。

（二）农业生产需要

中国的农业发展很早，而农作物又有一定的生长规律：春种、夏耕、秋收、冬藏，周而复始，年复一年。人们为了在特定的季节从事特定的农业生产活动，就把不同季节中的特定时间定为节日。中国的节日大多和天文、历法、数学以及后来划分出的节气有关。有关节气的记载从文献上可以追溯到《夏小正》《尚书》；到了战国时期，二十四节气已基本齐备，后来的传统节日大都和这些节气密切相关。中国传统节日源于四季自然气候变化与农事活动，实质上是围绕祈求丰收与庆祝丰收这两大主题展开的。

（三）社交和娱乐

到了汉代，我国主要的传统节日都已经定型。到了唐代，节日已经脱离了原始祭拜的神秘气氛。宋代以后，节日的宗教性减弱，娱乐性得到极大增强，地方戏剧、饮食、运动、访友等活动纷纷融入节日中，使节日成为真正的佳节良辰。从此，节日变得欢快喜庆、丰富多彩，而许多社交、体育、娱乐等活动内容的出现，又使得节日成为一种时尚流行开来。某些节日的风俗一直延续发展、经久不衰，如端午节赛龙舟、吃粽子，中秋节赏月、吃月饼。

火把节

二、节日的仪式

节日往往是由一系列既定的活动和仪式组成的，人们的许多交流活动都围绕着节日活动和仪式展开。

（一）起始仪式

一般来讲，节日都会以一个标志性的时间或仪式来开始。例如，春节就是从"腊八节"开始的。

（二）净化仪式

节日的一个重要功能是"净化"。人们不仅利用节日净化自己的活动空间和生活环境，还在情感上受到"净化"，不少人认为节庆活动有驱除邪恶、疾病、厄运和一切不吉利因素的作用，如端午节挂艾草、泼水节的泼水活动。

（三）祭祀仪式

祭祀仪式是许多节日的重要组成部分，祭神、祭祖是节日中不可缺少的一项活动。

（四）表演仪式

在各民族的节日期间，人们穿着盛装，最大限度地展示自己。同时，他们都兴高采烈地参与或观看各种表演活动，如唱歌、舞蹈、竞技比赛，以及各种地方的戏剧、娱乐活动，使节日充满了欢乐、动感的气氛。

（五）结束仪式

节日有一个起始仪式，也有一个结束仪式。结束仪式标志着节日的结束，人们回归日常生活。

三、节日礼俗特点

节日礼俗是民族文化的瑰宝，是时代的镜子。节日礼俗可以展现社会风貌和民族风貌。中国各民族的节日礼俗主要有以下特点。

（一）多样性

在悠久的历史长河中，各民族相安共处、水乳交融，形成了丰富多彩的节日礼俗文化传统。节日礼俗的多样性，主要表现在其形成与发展的过程中，不同民族的地理状况、宗教信仰、生活习俗、历史文化等的差异性造就了不同的岁时节令，随之产生了不同类别的节日礼俗，而每一种节日礼俗又各有特色。

（二）传承性

节日礼俗在其形成的过程中代代相传，具有较强的历史传承性。这种传承性主要表现为节日礼俗从起源到发展至今，在内容和形式上都有一些东西是亘古不变的。但我们也要看到，随着时代的不同，节日礼俗也在某种程度上相应地发生了变化，例如元宵节的祭神灯火变成供人游乐观赏的花灯，重阳节的避灾躲难演变成了远足登高、饮酒赋诗。

（三）综合性

节日礼俗在其传承、演化的过程中，内容和形式随着时代的变化，不断地从单一性向综合性演化。

（四）娱乐性

无论过哪一种节日，人们在庆贺活动中，大都会披红挂绿、嬉戏游乐、享用美酒佳肴、探亲访友、互致问候。节日所派生出的娱乐文化、礼品文化、饮食文化为节日增添了丰富的现实生活内容，为各民族的现实生活增添了愉快、浪漫的气氛。

（五）时令性

中国有着悠久灿烂的农业文明，节日大多是围绕着季节和时间的变化而产生的，并且以年为周期，循环往复、周而复始。无论是生产性的岁时节令，还是驱灾避邪、歌颂美德、纪念先烈的节日，都是在每年的某一特定的时间以一定的形式来集中表现的。

（六）宗教性

各民族的传统节日，往往是人们集中表现传统的宗教信仰习俗的一个重要手段。人们在节日期间举行各种各样的请神、谢神、拜神、祭神等活动。

四、节日的价值

（一）中国的节日是民众生活的时间依据

岁时节日是与天时、物候的周期性转换相适应，且在人们的社会生活中约定俗成的。人们的农耕、祭祀、纪念、娱乐等活动大都依照岁时节日开展，是民众生活的时间依据。

（二）中国的节日是中华民族文明的纽带

我国节日具有广泛的社会性、交流性、包容性和兼容性，从而使中华民族产生了强大的凝聚力、向心力，呈现一派文明、和谐的景象。

（三）中国的节日有着厚重的历史文化积淀

节日习俗大都和神话传奇、宗教信仰、历史人物有关，使传统节日有了厚重的历史感，这是中华民族深厚的历史文化积淀的体现，也是中华民族"每逢佳节倍思亲"的重要价值所在。

知识链接

"中国"一词的由来

"中国"一词，早在《诗经》中就有出现。《诗经·大雅·民劳》中提到"惠此中国"，但这里所说的"中国"并不指代国家。夏商时期是华夏族形成的时期，华夏族多在黄河中下游流域活动，因而称黄河中下游为"中国"，与"中土""中州""中原"等词含义相同。周朝以后，"中国"一词被频繁使用，但不同时期所指代的地域范围各不相同。

事实上，我国古代的"中国"是指"中原之国"，不是专有名词。各个王朝都没有把"中国"作为正式国名，直到辛亥革命后，1912年成立"中华民国"，"中国"才指称我国。1949年10月1日，新中国成立时，定名为"中华人民共和国"，简称"中国"。

拓展活动

活动项目：辩论赛

辩题：（正方）春节放鞭炮利大于弊；（反方）春节放鞭炮弊大于利。

活动准备：

1. 场地：本班教室。

2. 分组：包括正方辩手、反方辩手，主持人、计时员、记分员。

3. 拟定评分标准。

活动流程：

1. 辩论双方入场。

2. 宣布辩论赛评分标准。

3. 发放评分表。

4. 比赛。

5. 主持人宣布辩论赛成绩。

6. 教师归纳小结。

活动评价

序号	评价指标	评价要求	效果评价（是/否）
1	仪容仪表	衣着整洁、精神饱满	
2	辩论赛	论点鲜明、有说服力	
3	团队意识	组员配合默契、应对能力强	

活动反思：

1. 你在这次辩论赛中遇到了哪些问题？你是如何解决的？

2. 你对在本次活动中自己的表现感到：

非常满意 ☐　　一般满意 ☐　　不满意 ☐

第二节 传统节日及民俗

学习目标

· 了解中国的传统节日。

· 了解中国传统节日的习俗。

· 增强提高民族凝聚力和民族认同感的意识。

经典导入 --

元 日

宋·王安石

爆竹声中一岁除，春风送暖入屠苏。

千门万户曈曈日，总把新桃换旧符。

议一议 --

中国的传统节日有着丰富的文化内涵。

知识探究 --

传统节日的形成，是一个国家和民族历史文化长期积淀凝聚的过程。中国传统节日民俗多种多样，是我国悠久历史文化的一个重要组成部分。从远古时期发展而来的中华传统节日民俗清晰地记录着中华民族丰富而多彩的社会文化生活。中国的传统节日民俗，承载着神话、传说、天文、地理、历法等人文与自然文化内容。

一、春节

（一）春节的由来

春节，即农历正月初一，是我国民间最古老、最隆重、最热闹的一个传统节日。春节的历史很悠久，有种说法是它起源于殷商时期年头岁尾的祭神祭祖活动。农历的正月初一古称元日、元辰、元正、元朔、元旦、岁首等，俗称大年初一。

春节到了，意味着春天将要来临，大地复苏，新一轮播种和收获的季节又要开始了。春节是个欢乐祥和的节日，也是亲人团聚的日子，离家在外的孩子在过春节时都要回家欢聚。待新年的第一声鸡啼响起，或是新年的钟声敲过，街上便会响起此起彼伏的鞭炮声，家家喜气洋洋，预示着新的一年开始了。男女老少都会穿着新衣，先给家族中的长者拜年祝寿。过年时长辈还要给儿童压岁钱，并一起吃丰盛的团圆饭。初二、初三人们就开始走亲戚、看朋友，相互拜年，道贺祝福，说些"恭贺新禧""恭喜发财""过年好"的话，并举行祭祖等活动。

（二）"年"的传说

"年"是中国民间传说的凶兽，头长尖角，凶猛异常。"年"长年深居海底，每到除夕，便爬上岸来吞食牲畜、伤害人命。因此每到除夕，各村寨的人们扶老携幼，逃往深山，以躲避"年"的伤害。某一年的除夕，乡亲们像往年一样，都忙着收拾东西准备逃往深山。这时候村东头来了一个白发老人。白发老人要在一位村民家里居住一晚，并说能驱赶"年"。只见当天晚上，白发老人身穿红衣，在屋门上贴上红对联，在屋外放起鞭炮，敲锣打鼓，"年"便被吓跑了。此后，每当过年的时候，人们便会放鞭炮、穿红衣服、贴红对联、敲锣打鼓。

（三）春节的习俗

春节又称过年，是我国最重要的一个传统节日。春节在千百年的历史发展中形成了一些较为固定的风俗习惯。春节一般从腊月初八延续到正月十五，包括吃腊八粥、祭灶、扫尘、过除夕、拜年等习俗。

1. 吃腊八粥

（1）腊八节的习俗。

"腊八"这一天有吃腊八粥的习俗，腊八粥也叫七宝五味粥。我国吃腊八粥的历史，已有一千多年。最早开始于宋代，每逢腊月初八这一天，不论是宫廷、官府、寺院，还是黎民百姓家都要吃腊八粥。到了清朝，喝腊八粥的风俗更是盛行。在宫廷，皇帝、皇后、皇子等都要给文武大臣、侍从宫女赐腊八粥，并向各个寺院发放米、果等供僧人食用。在民间，家家户户也要做腊八粥，阖家团聚在一起食用。

不同地区，做腊八粥的用料虽有不同，但基本上都包括大米、小米、糯米、高粱米、紫米、薏米等谷类，黄豆、红豆、绿豆、芸豆、豇豆等豆类，红枣、花生、莲子、枸杞子、栗子、核桃仁、杏仁、桂圆、葡萄干、白果等干果。腊八粥不仅是时令美食，更是养生佳品，尤其适合在寒冷的天气里保养脾胃。

（2）腊八粥起源的传说。

传说一：

相传，元末明初时，朱元璋落难在监牢里。正值天寒地冻，又冷又饿的朱元璋竟然从监牢的老鼠洞里刨出红豆、花生、大米、红枣等七八种食物，于是他便把这些东西熬成了粥，因那天正是腊月初八，朱元璋便美其名曰腊八粥，美美地享受了一顿。后来朱元璋平定天下，登基称帝后，为了纪念在监牢中那段特殊的日子，便把腊月初八这天定为腊八节。

传说二：

相传古时候有一对夫妻，吃苦耐劳，持家节俭，攒下一笔大家业，可是他们的儿子却不争气，娶个媳妇也不贤惠，很快就败了家业。到了腊月初八这一天，小两口冻饿交加，幸好村里有好心人煮了一锅大米、面块、豆子、蔬菜等混在一起的"杂和粥"给他俩吃了一口。意思是："吃顿杂合粥，教训记心头。"这顿粥让小两口改掉了恶习，走上正道，靠勤恳的劳动持家，日子一天天地好起来。民间流行吃腊八粥的风俗，就是以此警醒后人。

2. 祭灶

每年的腊月二十三日称为祭灶节，又称灶神节、送灶节、谢灶节，北方也称"小年"。

在中国神话中，灶神与民间诸神将在腊月二十三日上升天庭，向玉皇大帝述职，报告一年来的凡间居家事务，所以在这天民间有祭灶的习俗。到了傍晚，吃过晚饭后，人们会在灶台上摆放瓜果、糕点、糯米饭、糖、清水等祭品，由一家之主上香，跪在灶前说："见了玉帝多说好话，不说坏话。"并接着说："今年又到二十三，敬送灶君上西天，贡品瓜果甜又甜，请对玉帝说好言。"由于过去有"男不拜月，女不祭灶"的说法，故民间的祭灶常由男人完成。

在祭灶节这天，很多地方有吃灶糖的风俗。灶糖是一种又黏嘴又黏牙的麦芽糖，人们常把它做成长条形的细丝食用。吃灶糖的寓意是一家人热热闹闹、甜甜蜜蜜，很有过小年的味道。

3. 扫尘

腊月二十四日，民间家家户户都要打扫卫生，清洗各种器具，拆洗被褥窗帘，打扫房间庭院，扫尽尘灰蛛网。按民间的说法，"尘"与"陈"谐音，有"除陈布新"之意，因此，每到腊月二十四日这天，家家户户打扫卫生，处处洋溢着迎新春的氛围。

4. 过除夕

（1）除夕的由来。

除夕，又称大年夜、除夕夜、除夜等，是每年农历腊月（十二月）的最后一个晚上。除，即去除之意；夕，指夜晚。除夕是辞旧迎新、一元复始、万象更新的节日。与清明节、中元节、重阳节一起被称为中国传统的四大祭祖节日。除夕因常在农历腊月三十日，故该日又称为大年三十。

（2）除夕的传说。

相传，古时候有一个四角四足的怪兽叫夕，它体大、凶猛，见人就吃。老百姓对它恨之入骨，但又没有办法。后来，有一个叫七郎的英雄，箭射得特别的准。七郎见老百姓被夕害苦了，于是在腊月三十晚上，他终于把夕这个怪物除掉了。从那以后，人们就把腊月三十叫作除夕，家家户户的亲人都要聚在一起庆贺。

（3）过除夕的习俗。

贴春联

春联又叫门对、对联、对子等，它用工整、对偶、简洁、精巧的文字描绘时代背景，抒发美好愿望。因此，每到除夕，家家户户都要贴春联，以保平安。

贴春联

在贴春联的同时，一些人家要在屋门上、墙壁上、门楣上贴上大大小小的"福"字。春节贴"福"字，是我国民间由来已久的风俗。"福"字指福气、福运，寄托了人们对幸福生活的向往，对美好未来的祝愿。为了更充分地体现这种向往和祝愿，有的人干脆将"福"字倒过来贴，表示"幸福已到""福气已到"。人们还将"福"字精描细绘成各种图案，图案有寿星、寿桃、鲤鱼跳龙门、五谷丰登、龙凤呈祥等。

祭神祀祖

古时，这种礼俗很普遍。因各地礼俗的不同，祭神祀祖形式也各异，有的到寺庙拜神灵，有的到野外拜祖墓，有的到宗祠祭祖，而大多在家中将祖先牌位依次摆在正厅，陈列供品，然后祭拜者按长幼的顺序上香跪拜。

放鞭炮

鞭炮又叫爆竹、爆仗、炮仗。除夕吃年夜饭前燃放鞭炮，营造了喜庆欢乐的节日气氛，寄托了劳动人民驱邪、避灾的美好愿望。

据《神异经》记载："西方深山中有人焉，身长尺余，袒身捕虾蟹。性不畏人……名曰山臊。其音自叫。人尝以竹著火中，爆烞而出，臊皆惊惮。"意思是说燃放鞭炮是为了吓跑危害人的山臊（即山魈）。所以，每到除夕，人们就会点燃爆竹，使其发出噼里啪啦的声音，于是形成了过年放鞭炮的习俗。

吃年夜饭

吃年夜饭又叫吃团圆饭，是春节中最热闹愉快的时刻。年夜饭的吃法很多，南北各地不同。在南方，人们把丰盛的年菜摆满一桌，一般是十二道菜，寓意一年十二个月，每月一道菜。然后，全家人围坐在一起吃团圆年饭，辞旧迎新。北方过年习惯吃饺子，是取新旧交替"更岁交子"的意思。又因为饺子形状像银元宝，一盆盆端上桌，象征着"新年大发财，元宝滚进来"。

发压岁钱

压岁钱是过年时长辈发给晚辈的钱，除了讨个好彩头，也意在勉励晚辈在新的一年里好好做人、学习进步。

关于压岁钱有这样一个传说。一个名叫"祟"的小妖，每逢腊月三十的时候就会出来作祟，溜进别人的家里专门摸熟睡的孩子的脑袋。据说被小妖摸到的孩子会发高烧、说胡话，即使烧退了也会变成傻子。有一个人老年得子，对孩子非常疼爱，年三十吃完年夜饭，他就用红纸包着八枚铜钱给孩子。孩子睡的时候就把八枚铜钱放在枕边。半夜里，小妖果然来摸这个孩子的头，但还未碰到，孩子枕边的八枚铜钱就进出了一道金光，小妖就被吓跑了。于是，大家争相效仿，每逢大年三十的晚上就用红纸包着钱给孩子，小妖就再也没出现过。人们就把这种钱叫"压祟钱"，"祟"与"岁"谐音，故称"压岁钱"。

5. 拜年

作为中国民间的传统习俗，拜年是人们辞旧迎新，相互表达美好祝愿的一种方式。每年初一，人们都早早起来，穿上最漂亮的衣服，出门去走亲访友，相互拜年，恭祝来年大吉大利。拜年的方式多种多样，有的是由族长带领同族人挨家挨户地拜年；有的是亲朋好友相邀一起去拜年；也有大家聚在一起相互祝贺，称为"团拜"。由于登门拜年费时费力，后来一些士大夫便使用帖子相互祝贺，由此发展出后来的"贺年卡"。随着科学技术的发展，新式拜年方式层出不穷，但恭贺新年的心意是相通的。

我国部分地区有正月初二上坟的习俗，也称为"拜年"，具体时间是正月初二的中午十二时到下午四时间，人们准备一些肉食、蔬菜、饭、酒、糖、茶、香、纸钱，送到亡故亲人的坟前，从而寄托对他们的哀思。

二、元宵节

（一）元宵节的由来

农历正月十五为元宵节。元宵节又称上元节、元夜、灯节，是春节之后的第一个重要节日，是中华民族的传统节日之一。正月是农历的元月，古人称"夜"为"宵"，所以把一年中第一个月圆之夜称为元宵节。在汉代，汉文帝下令将正月十五定为元宵节。汉武帝时，"太一神"（主宰宇宙一切之神）的祭祀活动被定在正月十五，司马迁提议编制的"太初历"也将元宵节确定为重要节日。

另有一种说法是元宵节起源于"三元说"：正月十五日为上元节，七月十五日为中元节，十月十五日为下元节。主管上、中、下三元的分别为天、地、人三官。天官喜乐，故上元节要燃灯。随着社会和时代的变迁，元宵节的风俗习惯有了较大的变化，但至今仍是中国重要的传统节日之一。

（二）元宵节的传说

传说汉文帝为纪念"平吕"而设元宵节。汉高祖刘邦死后，其与吕后之子刘盈登基，为汉惠帝。汉惠帝生性懦弱，优柔寡断，大权渐渐落在吕后手中。汉惠帝病死后，吕后独揽朝政，把刘氏天下变成了吕氏天下。朝中老臣、刘氏宗室深感愤慨，但都惧怕吕后的残暴而敢怒不敢言。吕后病死后，诸吕惶惶不安，害怕遭到伤害和排挤。于是，在上将军吕禄家中秘密集会，共谋作乱之事，以便彻底夺取刘氏江山。此事传至刘氏宗室齐王刘襄耳中，刘襄为保刘氏江山，决定起兵讨伐诸吕。随后刘襄与开国老臣周勃、陈平取得联系，设计解除了吕禄的军权，"诸吕之乱"终于被彻底平定。平乱之后，众臣拥立刘邦之子刘恒登基，即汉文帝。汉文帝深感太平盛世来之不易，便把平息"诸吕之乱"的正月十五，定为与民同乐日。这一天京城里家家张灯结彩，以示庆祝。从此，正月十五便成了普天同庆的元宵节。

（三）元宵节的习俗

元宵节是中国的传统节日，大部分地区的习俗是差不多的，但各地还是有着自己的特色。

1. 吃元宵

正月十五吃元宵的习俗在我国由来已久。元宵最早叫"浮元子"，生意人还美其名曰"元宝"。元宵以白糖、玫瑰、芝麻、豆沙、黄桂、核桃仁、果仁、枣泥等食材为馅，在糯米粉中滚成圆球，可煮食、炸食、蒸食。元宵之名取其圆形之意，寓意全家人团圆、吉利、美满。

元宵

2. 闹花灯

闹花灯是元宵节的传统习俗，开始于西汉时期，兴盛于隋唐时期。隋唐以后，历代灯火之风盛行，并传于后世。而正月十五，是一年一度的闹花灯、放烟火的高潮，所以，人们也把元宵节称为"灯节"。正月十五到来之际，满街挂灯笼，到处灯火摇曳，美不胜收。

3. 猜灯谜

猜灯谜是从古代就开始流行的元宵节特色活动之一，富有民族特色。每逢农历正月十五，民间都要挂起彩灯，燃放焰火，后来人们还把谜语写在纸条上，贴在五光十色的彩灯上让人猜谜底。因为猜谜语能启迪智慧、营造节日气氛，所以逐渐成为元宵节不可缺少的活动。

4. 耍龙灯

耍龙灯，也称舞龙灯或龙舞。在古代，人们把龙作为吉祥的化身，代表着风调雨顺。耍龙灯的起源可以追溯到上古时代。传说早在黄帝时期的舞蹈中就出现过由人扮演的龙头鸟身的形象，其后又有了六条蛟龙互相穿插的舞蹈场面。

随着时间的推移，元宵节的活动越来越多，不少地方节庆时增加了划旱船、扭秧歌、打太平鼓、舞狮、踩高跷等活动。

三、清明节

（一）清明节的由来

清明节又叫踏青节，在仲春与暮春之交，是我国的二十四节气之一。《淮南子·天文训》中说："加十五日指乙，则清明风至。"清明一到，气温升高，雨量增多，正是春耕春种的大好时节。故有"清明前后，种瓜点豆""植树造林，莫过清明"的农谚，可见这个节气与农业生产有着密切的关系。但是，清明作为节日，与纯粹的节气又有所不同。节气是我国物候变化、时令顺序的标志，而节日则包含着一定的风俗活动和某种纪念意义。清明节作为中国的传统节日，也是最重要的祭祀节日之一，是祭祖和扫墓的日子。清明节、中元节、重阳节、除夕为我国四大祭祖节日。2006年5月，由文化部（现文化和旅游部）申报的清明节经国务院批准列入第一批国家级非物质文化遗产名录。

（二）清明节的传说

相传，春秋战国时期，晋献公的妃子骊姬为了让自己的儿子奚齐继位，就设毒计谋害太子申生，申生被逼自杀。申生的弟弟重耳，为了躲避祸害，流亡出走。

在流亡期间，重耳受尽了屈辱，原来跟着他一道出奔的臣子，大多陆陆续续地各奔出路去了，只剩下少数几个忠心耿耿的人一直追随着他，其中有一人叫介子推。

十九年后，重耳回国做了君主，就是著名的春秋五霸之一——晋文公。晋文公执政后，对那些和他同甘共苦的臣子大加封赏，唯独忘了封赏介子推。有人在晋文公面前为介子推叫屈，晋文公猛然忆起旧事，马上差人去请介子推上朝受赏封官。可是，差人去了几趟，介子推不来，晋文公只好亲自去请。当晋文公来到介子推家时，只见大门紧闭。介子推不愿见他，已经背着老母亲躲进了绵山（在今山西介休东南）。晋文公便让随从上绵山去寻找，也没有找到。于是，有人出了个主意说，不如放火烧山，三面点火，留下一面，大火起时介子推会自己走出来的。晋文公乃下令放火烧山，不料大火烧了三天三夜，熄灭后，终究不见介子推出来。众人上山一看，介子推母子俩抱着一棵烧焦的大柳树已经死了。晋文公望着介子推的尸体哭拜一阵。

为哀悼介子推，晋文公把介子推和他的母亲分别安葬在那棵烧焦的大柳树下，并下令把绵山改名为介山，在山上建立介庙，把放火烧山的这一天定为寒食节。每年这天，人们忌烟火，只吃寒食。后来，晋文公率众臣到介山的介庙祭奠介子推，看到山坡上被烧的柳树死而复活。晋文公以为柳树是介子推的化身，便赐柳树为清明柳，要求晋国百姓在清明这一天家家门上挂柳枝，上绵山踏青，扫墓插柳，抒发思念之情。

据说，此后晋文公勤政清明，励精图治，把国家治理得很好。晋国的百姓得以安居乐业，大家对有功不居、不图富贵的介子推非常怀念。每逢寒食节，大家不仅以禁止烟火来表示纪念，还用面粉和着枣泥，捏成燕子的模样。人们还把柳条串起来，插在门上，召唤他的灵魂。此后，寒食、清明成了全国百姓的隆重节日。每逢寒食节，人们不生火做饭，只吃冷食。在北方，老百姓只吃事先做好的冷食，如枣饼、麦糕；在南方，则多吃青团和糯米糖藕。每到清明，人们还把柳条编成圈儿戴在头上，以示怀念。

由于清明节与寒食节时间接近，而寒食节是民间禁火扫墓的日子，渐渐地，寒食与清明就合二为一了，而寒食既成为清明的别称，又成为清明节的一个习俗。

值得注意的是，在《左传》和《史记·晋世家》中均没有介子推抱树焚死的内容。《庄子》和《楚辞》是最早叙述此故事的文献。介子推的故事只是传说，寒食节的起源应与中国古代仲春、季春改火焚田的习俗有关。

（三）清明节的习俗

1. 扫墓祭祖

寒食禁火，祭奠先人，早在古代就已成为习俗。唐宋以后，寒食节逐渐式微，最终与清明节合二为一。唐朝诗人白居易《寒食野望吟》诗云："丘墟郭门外，寒食谁家哭。风吹旷野纸钱飞，古墓累累春草绿。棠梨花映白杨树，尽是死生离别处。冥寞重泉哭不闻，萧萧暮雨人归去。"在今天，人们在清明节前后仍有上坟扫墓祭祖的习俗：铲除杂草，挂上纸条，放上贡品，于坟前上香祷祝，燃纸钱，或简单地献上一束鲜花，以寄托人们对先人的哀思。

2. 踏青

清明之时，正值春回大地，人们在扫墓之余也在山林田野间游乐一番，回家时顺手折几枝叶芽初绽的柳枝戴在头上。也有人特意于清明节期间去欣赏和领略生机勃勃的春日景象。这种踏青也叫春游，古代叫探春、寻春，其含义就是脚踏青草，在郊野游玩，观赏春色。清明前后正是踏青的好时光，所以踏青成为清明节的一项重要内容。古时妇女平日不能随便出游，清明扫墓是难得的踏青机会，故妇女们在清明节会玩得更开心。

3. 插柳

清明是杨柳发芽抽绿的时节，民间有折柳、戴柳、插柳的习俗。谚语有"清明不戴柳，红颜成皓首"的说法，说明清明折柳是很普遍的习俗。据说柳枝具有辟邪的功用，插柳、戴柳不仅是时尚的装饰，而且有祈福辟邪之效。

4. 放风筝

放风筝是清明节时人们最喜爱的活动之一。古人相信若某人生病可将其病况写或画于扎制的风筝上，用线系着风筝在空中放飞，当它飞至高空时就将线剪断，疾病便会随着风筝一起飞走。后来，风筝也逐渐发展成深受欢迎的郊游娱乐活动。

5. 蹴鞠

蹴鞠，是一种类似足球的运动，所用球的球皮是用皮革做成的，球内用毛塞紧。相传蹴鞠在春秋战国时期流入民间，至汉代成了军队用来练武健身的方法，并被列入兵书之中。

蹴鞠运动在唐宋时期最为繁荣，经常出现"球终日不坠""球不离足，足不离球，华庭观赏，万人瞻仰"的情景。《宋太祖蹴鞠图》描绘的就是当时的情景。杜甫的《清明》一诗中写道"十年蹴鞠将雏远，万里秋千习俗同"，也说明了当时蹴鞠活动的普及。

四、端午节

（一）端午节的由来

端午节为每年农历五月初五，又称端阳节、午日节、五月节、龙舟节、浴兰节等，后因战国时期的楚国诗人屈原在该日抱石跳汨罗江自尽，于是端午节也成为纪念屈原的节日；部分地区也有纪念伍子胥、曹娥等习俗。自古以来端午节便有划龙舟、吃粽子等节日活动。2006 年 5 月，国务院将其列入首批国家级非物质文化遗产名录；自 2008 年起，端午节被列为国家法定节假日。2009年 9 月，联合国教科文组织正式审议并批准中国端午节列入世界非物质文化遗产，端午节成为中国首个入选世界"非遗"的节日。

（二）端午节的传说

关于端午节的传说颇多，有纪念屈原说，纪念伍子胥说，纪念曹娥说等。

相传，屈原倡导举贤荐能，富国强兵，力主联齐抗秦，却遭到贵族子兰等人的强烈反对，屈原遭谗去职，被赶出都城，并流放到沅、湘流域。秦军攻破楚国都城后，屈原眼看自己的祖国被侵略，心如刀割，于五月五日，写下了绝笔《怀沙》之后，抱石投汨罗江自尽，以自己的生命谱写了一曲壮丽的爱国主义乐章。

屈原投江后，当地百姓闻讯马上划船捞救，一直行至洞庭湖，却始终不见屈原的尸体。百姓们怕江河里的鱼、虾吃掉他的尸体，就纷纷回家拿来米团投入江中，以免鱼、虾糟蹋屈原的尸体。久而久之，米团渐渐演变为粽子，端午节就有了吃粽子的习俗，又因屈原是爱国诗人，故端午节又叫诗人节。

（三）端午节的习俗

过端午节，是中国人两千多年来的传统习俗。由于中国地域辽阔，民族众多，故事传说不胜枚举，端午节不仅产生了众多相异的节名，而且各地也有着不尽相同的习俗。其主要习俗有：划龙舟、挂艾草和菖蒲、吃粽子、系五色丝线、戴香包、游百病等。

1. 划龙舟

龙舟竞渡前，先要请龙、祭神。如在广东，龙舟在端午前要从水中转移到陆地上，祭过南海神后，安上龙头、龙尾，再准备下水竞渡。还要买一对纸制小公鸡置龙船上，以保佑龙舟竞渡平安。福建、台湾的民众则在妈祖庙祭拜。各种祭祀、纪念仪式，无非是点香烛，烧纸钱，供奉鸡、米、肉、贡果、粽子等。如今这些仪式已很少见，但在过去，人们祭祀龙神庙时气氛很严肃，多祈求农业丰收、风调雨顺、去邪祟、无灾难、事事如意，也保佑出海平安。用一句话来说，就是"图个吉利"，所有的这些仪式都是为了表达人们内心美好的愿望。

2. 挂艾草和菖蒲

端午是入夏后的第一个节日，气温上升，正是疾病多发的时节，所以在端午节期间人们往往在家门上挂几株艾草和菖蒲。"艾"，又名家艾、艾蒿，它的茎、叶都含有挥发性芳香油，所产生的奇特芳香，可驱蚊蝇、虫蚁。民谚说："清明插柳，端午插艾。"中医学上以艾草入药，有理气血、暖子宫、祛寒湿的功能。将艾叶加工成"艾绒"，是灸法治病的重要药材。菖蒲是多年生水生草本植物，象征驱除不祥的"宝剑"，叶片也含有挥发性芳香油，是提神通窍、杀虫灭菌的药物。可见，古人挂艾草和菖蒲是希望预防疾病、保佑健康。

3. 吃粽子

端午节吃粽子，这是中国人的又一传统习俗。粽子，又叫"角黍""筒粽"。据记载，早在春秋时期，用菰叶（茭白叶）包黍米成牛角状者称"角黍"；用竹筒装米密封烤熟者称"筒粽"。东汉末年，广东地区的居民以草木灰水浸泡黍米，因水中含碱，用菰叶包黍米成四角形并煮熟后的粽子称为广东碱水粽。晋代，包粽子的原料除糯米外，还添加中药益智仁，称"益智粽"。南北朝时期，出现了杂粽，米中会掺杂肉类、板栗、红枣、赤豆等食材。粽子还用作交往的礼品。到了唐代，有关文献中已有对于粽子"白莹如玉"的记载，并出现了锥形、菱形的粽子。宋朝时，已有"蜜饯粽"，即用果品入粽。诗人苏东坡有"时于粽里得杨梅"的诗句，说明宋代的粽子品种进一步增多。元明时期，粽子的包裹料已从菰叶变为箬叶，后来又出现用芦苇叶包的粽子，辅料已出现豆沙、松子仁、枣子、胡桃等，品种更加丰富多彩。

4. 系五色丝线

在中国传统文化中，象征五方五行的五种颜色——"青、红、白、黑、黄"被视为吉祥色。在端午这一天，各家大人起床后第一件事就是在孩子手腕、脚腕、脖子上系五色线。据说，系五色线的儿童可以避开蛇、蝎、壁虎、蜈蚣、蟾蜍的伤害。五色线不可任意折断或丢弃，只能在夏季第一场大雨或第一次洗澡时，抛到河里，意味着让河水将瘟疫、疾病冲走，从此可以保儿童安康。

5. 戴香包

香包又叫香袋、香囊、荷包等，用碎花布缝制而成，内装有白芷、川芎、芩草、香草等中草药，挂在胸前，香气扑鼻。据说戴香包也是为了驱蚊辟邪，驱除瘟疫。

6. 游百病

端午节游百病这种习俗常见于云南、贵州。每逢端午节这天，人们吃午饭后，便相约三三两两到野外游玩，时而边走边看，时而边走边唱，时而摘野草莓等果实吃，以此来祈求身体健康、百病消，俗称"游百病"。

五、七夕节

（一）七夕节的由来

七夕节是每年农历的七月初七，也称为"乞巧节"或"女儿节"，始于汉代，《西京杂记》中有"汉彩女常以七月七日穿七孔针于开襟楼，俱以习之"的记载，后因牛郎织女的传说，七夕节成为象征爱情的节日。这是中国传统节日中最具浪漫色彩的一个节日。七夕节，民间的女子来到花前月下，抬头仰望星空，希望能看到牛郎织女一年一度的相会，乞求上天让自己也像织女那样，心灵手巧，并祈祷自己能有如意称心的美满姻缘，故七夕节又称为"乞巧节"。

2006 年 5 月，七夕节被国务院列入第一批国家级非物质文化遗产名录。

（二）七夕节的传说

相传在很早以前，南阳城西牛家庄有个聪明、忠厚的小伙子叫牛郎。他因父母早亡，只好跟着哥哥嫂子度日。嫂子马氏为人狠毒，经常虐待他。一年秋天，嫂子叫他去放牛，给他九头牛，却让他等有了十头牛时再回家，牛郎无奈只好赶着牛出了村。在林密草深的山上，牛郎坐在树下伤心，不知道何时才能赶着十头牛回家。这时，有位满头白发的老人出现在他的面前，问他为何伤心。当老人得知他的遭遇后，笑着对他说："别难过，在伏牛山里有一头病倒的老牛，你去好好喂养它，等老牛病好以后，你就可以赶着它回家了。"牛郎翻山越岭，终于找到了那头有病的老牛，他看到老牛病得厉害，就去给老牛割来一捆捆草，连续喂了三天，老牛才抬起头告诉他：自己本是天上的灰牛大仙，因触犯了天规被贬下凡，没想到摔坏了腿，无法动弹。自己的伤需要用百花的露水洗一个月才能好。牛郎不怕辛苦，细心地照料了老牛一个月，白天为老牛接露水治伤，晚上依偎在老牛身边睡觉。到老牛病好后，牛郎高高兴兴赶着十头牛回了了家。回家后，嫂子对他依然不好，曾几次要加害他，都被老牛设法相救。嫂子最后恼羞成怒把牛郎赶出家门，牛郎只要了那头老牛相随。一天，天上的织女和其他仙女一起下凡游戏，牛郎便在老牛的帮助下认识了织女。二人互生情愫，后来织女便偷偷来到人间，做了牛郎的妻子。

牛郎和织女结婚后，男耕女织，情深义重，生了一男一女两个孩子，一家人生活得很幸福。但是好景不长，王母娘娘知道后下令强行把织女抓回天庭，恩爱夫妻被拆散。牛郎上天无路时，老牛告诉牛郎，在它死后，披上它的皮，就可以上天庭。牛郎按照老牛的话做了，披上牛皮，拉着自己的儿女，一起腾云驾雾上天去追织女，眼看就要追到了，岂知王母娘娘拔下头上的金簪一划，一道波涛汹涌的天河就出现了，牛郎和织女被隔在两岸，只能相对哭泣流泪。

牛郎和织女的忠贞爱情感动了喜鹊，千万只喜鹊飞来，搭成鹊桥，让牛郎织女走上鹊桥相会，王母娘娘对此无可奈何，就允许两人在每年七月七日于鹊桥相会。

（三）七夕节的习俗

1. 穿针乞巧

这是最早的七夕节习俗，始于汉代，流于后世。据陶宗仪《元氏掖庭记》记载："九引堂台，七夕乞巧之所。至夕，宫女登台以五彩丝穿九尾针，先完者为得巧，迟完者谓之输巧，各出资以赠得巧者焉。"

2. 拜织女

拜织女是少女、少妇们在月光下摆一张桌子，在桌子上摆放茶、酒、水果、五子（桂圆、红枣、榛子、花生、瓜子）等祭品，再将几朵鲜花、一束红纸插在瓶子里，并在瓶子前放置一个小香炉。约好参加拜织女的少女、少妇们，斋戒一天后，都准时到主办者家里来，于案前焚香礼拜后，大家围坐在桌前，一边吃花生、瓜子，一边朝着织女星的方向，默念自己的心事。少女们希望长得漂亮或嫁个如意郎，少妇们希望早生贵子。大家向织女星默祷，直到半夜才离开。

3. 种生求子

在七夕节的前几天，人们先在小木板上铺一层土，播下谷物的种子，让它生出绿油油的嫩苗，再摆一些木板搭的小茅屋模型、花木在上面，做成田舍人家小村落的模样；或将绿豆、小豆、小麦等浸于瓷碗中，等它长出一寸长的芽，再以红、蓝丝绳扎成一束，称为"种生"，又叫"五生盆"或"生花盆"。南方也称为"泡巧"，将长出的豆芽称为巧芽，甚至以巧芽取代针，抛在水面上乞巧。还用蜡塑成牛郎、织女故事中的人物，或秃鹰、鸳鸯等动物之形，放在水上，称为"水上浮"。还有妇女买回蜡制的婴儿玩偶浮于水上，祈求早生贵子，称为"化生"。

六、中元节

（一）中元节的由来

中元节，俗称鬼节、七月半，有放河灯、焚纸锭等习俗。

农历正月十五日称上元节，乃庆元宵，古已有之；七月十五日称中元节，祭祀先人；十月十五日称下元节。中元节在农历七月十五日，部分地区在七月十四日。中元节时，有若干农作物成熟，民间用新米等祭祖，向祖先报告收成。因此每到中元节，家家上坟扫墓，祭拜祖先。

（二）中元节的传说

据说东汉的蔡伦发明造纸术后，赚了不少钱。他的哥哥蔡莫、嫂嫂慧娘看了非常羡慕。慧娘就要蔡莫也去和蔡伦学造纸，可是蔡莫还没学到家就急急忙忙地开了家造纸店，结果造出来的纸品质低劣，无人问津，两夫妻就对着一屋子的纸发愁。然而，慧娘想出了一个办法。慧娘装死，邻居们忽然听到蔡莫家传出了号啕大哭的声音。大家赶过来一问，才知道慧娘昨天晚上得急病"死"了。蔡莫当着邻居的面，在慧娘的棺前一边哭诉，一边烧纸。烧着烧着，忽然听到棺材里有响声。过了一会儿，又听到慧娘在里面叫着："我回来了。"邻居都呆了，最后终于鼓起勇气打开棺盖。慧娘就跳了出来，告诉邻居，她死后到了阴间，阎王让她推磨受苦。因为蔡莫烧给她很多纸钱，所以小鬼们都争着为她推磨。她又把钱交给阎王，阎王就放她回来了。蔡莫故意地问："我没有给你送钱啊？"慧娘就指着燃烧的火堆说："那就是钱啊！阴间是以纸当钱的。"蔡莫一听，马上就去抱了两大捆纸来烧，说是让阴间的爹娘少受点苦。邻居见状，个个都掏钱来买蔡莫造的纸。消息传开后，不到几天，蔡莫家的纸全都卖光了。由于慧娘"还阳"的这天是农历七月十五日，因此每逢这一天，人们都会给祖先点香烧纸。这个习俗一直流传至今。

（三）中元节的习俗

1. 放河灯

在古代，人们通常认为，人为阳，鬼为阴；陆为阳，水为阴。水下神秘昏暗，使人想到传说中的幽冥地狱，鬼魂就在那里沉沦。放河灯的习俗可能由此而来。

河灯也叫"荷花灯"。人们在底座上放灯盏或蜡烛，中元夜放在江河湖泊之中，任其漂流。放河灯的目的是超度"孤魂野鬼"。现代女作家萧红《呼兰河传》中的一段文字，描述了这种习俗："七月十五日是个鬼节，死了的冤魂怨鬼，不得脱生，缠绵在地狱里边是非常苦的，想脱生，又找不着路。这一天若是每个鬼托着一个河灯，就可得以脱生。"中元节放河灯的习俗一直沿袭至今。

2. 祭祖

在中元节祭祖时，人们要把先人的牌位一一请出来，恭恭敬敬地放到专门用于祭拜的供桌上，再在先人的牌位前插上香，摆上茶饭，烧纸钱。祭拜时，人们依照辈分和长幼次序向先人行礼，默默祷告，向先人汇报并请先人审视自己这一年的言行，保佑自己平安幸福。有的地方，人们只需去室外，画一个灰圈，在灰圈内烧纸钱，称烧包衣，以祭拜祖先。

七、中秋节

（一）中秋节的由来

中秋节，又称月夕、秋节、仲秋节、八月会、追月节、玩月节、拜月节、女儿节或团圆节，是中国的传统节日，因节日为农历八月十五日，恰值三秋之半，所以叫中秋节。中秋节始于唐朝初年，盛行于宋朝，至明清时，已成为与春节齐名的中国传统节日之一。中秋节自古便有祭月、赏月、拜月、吃月饼、赏桂花、饮桂花酒等习俗，流传至今，经久不息。

2006 年 5 月，国务院将中秋节列入首批国家级非物质文化遗产名录。自2008 年起，中秋节被列为国家法定节假日。

（二）中秋节的传说

中秋节的传说丰富多彩，诸如嫦娥奔月、吴刚伐桂、玉兔捣药、朱元璋起义等故事流传甚广。

1. 嫦娥奔月

相传，有一天，后羿到昆仑山访友求道，巧遇由此经过的王母娘娘，王母娘娘送他一包长生不死药。据说，服下此药，能即刻升天成仙。后羿回家后，就把长生不死药交给妻子嫦娥保管。嫦娥将药藏进梳妆台的百宝匣里，不料被小人逢蒙看见了。三天后，后羿率众外出狩猎，心怀鬼胎的逢蒙假装生病，留了下来。后羿率众人走后不久，逢蒙手持宝剑闯入内宅后院，威逼嫦娥交出不死药。嫦娥知道自己不是逢蒙的对手，就一口把不死药吞了下去。嫦娥吞下药，身子立刻飘离地面、冲出窗口，向天上飞去。由于嫦娥牵挂着丈夫，便飞到离人间最近的月亮上成了仙。

傍晚，后羿回到家，侍女们哭诉了白天发生的事。后羿既惊又怒，抽剑去杀逢蒙，逢蒙早逃走了。后羿气得捶胸顿足，悲痛欲绝，仰望着夜空呼唤爱妻的名字，喊着喊着，他惊奇地发现，今天的月亮格外皎洁明亮，而且有个晃动的身影酷似嫦娥。后羿只好派人到嫦娥喜爱的后花园里，摆上香案，放上她平时最爱吃的蜜食鲜果，遥祭嫦娥。百姓们闻知嫦娥奔月成仙的消息后，纷纷在月下摆设香案，向善良的嫦娥祈求吉祥平安。从此，中秋节拜月的风俗在民间流传至今。

2. 吴刚伐桂

相传月亮上广寒宫前的桂树生长繁茂，有五百多丈高，下边有一个人常在砍伐它，但是每次砍下去之后，被砍的地方又立即合拢了。几千年来，就这样随砍随合，这棵桂树永远也没能被砍倒。据说这个砍树的人名叫吴刚，是汉朝西河人，曾跟随仙人修道，到了天界。他犯了错误，仙人就把他罚到月宫，日日做这种徒劳无功的苦差事，以示惩处。李白诗中有"欲折月中桂，持为寒者薪"的句子。

3. 玉兔捣药

传说嫦娥向天上飞去，开始升空时，惶恐中抱起了一直喂养着的白兔，白兔随她一起到了月亮上。玉兔有一支捣药杵，嫦娥夜晚便在药臼中捣制长生不死的灵药。

4. 朱元璋起义

相传，中秋节吃月饼开始于元代。当时，中原地区广大人民不堪忍受元朝统治阶级的残酷压迫，纷纷起义抗元。朱元璋联络各路力量准备起义。但朝廷官兵搜查得十分严密，传递消息十分困难。军师刘伯温便想出一个计策，命令下属把写有"八月十五夜起义"的纸条放在月饼里面，再派人分头传送到各地起义军中，通知他们在八月十五日晚上起义。到了起义的那天，各路义军一齐响应，起义军如星火燎原般燃遍了全国，很快起义成功了。消息传来，朱元璋高兴得连忙传下口谕，让全体将士与民同乐，并将当年起兵时用来传递信息的月饼作为节令糕点赏赐群臣。此后，中秋节吃月饼的习俗便在民间流传开来。后来月饼制作越来越精细，品种越来越多，大者如圆盘，月饼也成了馈赠的佳品。

（三）中秋节的习俗

1. 赏月

我国自古就有中秋赏月的习俗。《礼记》中就记载有"秋暮夕月"，即祭拜月神。到了周代，每逢中秋夜都要举行祭月。人们会在桌子上摆放月饼和食物。人们一边赏月，一边吃食物，一边叙谈。在唐代，中秋赏月、玩月颇为盛行。在宋代，中秋赏月之风更盛，据《东京梦华录》记载："中秋夜，贵家结饰台榭，民间争占酒楼玩月。"每逢这一天，京城的所有店家、酒楼都要重新装饰门面，扎绸挂彩，出售新鲜佳果和精制食品，夜市热闹非凡。明清以后，中秋节赏月风俗依旧，许多地方形成了烧斗香、放天灯、舞火龙、赏月亮等风俗。

2. 吃月饼

我国大多数地区过中秋节都有吃月饼的习俗，俗话说："八月十五月正圆，中秋月饼香又甜。""月饼"一词，最早见于南宋吴自牧的《梦粱录》。那时的月饼只是普通的食物。后来人们逐渐把中秋赏月与品尝月饼结合在一起，寓意家人团圆，以月之圆寓人之团圆，以饼之圆兆人之常生，用月饼寄托思念故乡、思念亲人之情，祈盼丰收、幸福。月饼最初是由各家自做自食，清朝袁枚在《随园食单》中就记载了月饼的做法。到了近代，有了专门制作月饼的作坊，月饼的制作越来越精细，馅料考究，外形美观，在月饼的外面还印有各种精美的图案，如"嫦娥奔月""银河夜月""三潭印月"。

八、重阳节

（一）重阳节的由来

重阳节，又称重九节、晒秋节、踏秋节，为每年的农历九月初九。《易经》中把"六"定为阴数，把"九"定为阳数，九月九日，日月并阳，两九相重，故名重阳，也叫重九。重阳节早在战国时期就已经形成，至魏晋重阳节气氛日渐浓郁，到了唐代被正式定为民间节日，此后历朝历代沿袭至今。

1989 年，我国将农历九月九日正式定为"中国老人节"，倡导全社会树立尊老、敬老、爱老、助老的风气。2006 年 5 月，重阳节被国务院列入首批国家级非物质文化遗产名录。

（二）重阳节的传说

相传在东汉时期，汝河有个瘟魔，只要它一出现，家家都有人病倒，天天有人丧命，这一带的百姓受尽了瘟魔的蹂躏。一场瘟疫夺走了桓景父母的生命，他自己也因病差点儿丧了命。桓景病愈之后，辞别了心爱的妻子和父老乡亲，决心出去访仙学艺，为民除掉瘟魔。恒景四处访师寻道，终于找到了一个有着神奇法力的仙人，仙人为他的精神所感动而收留了他，并且教给他降妖剑术。有一天，仙人把桓景叫到跟前说："明天是九月初九，瘟魔又要出来作恶，你本领已经学成，应该回去为民除害了。"仙人送给恒景一包茱萸叶，一盅菊花酒，并且密授避邪用法，让桓景骑着仙鹤赶回家去。

桓景回到家乡，在九月初九的早晨，按仙长的叮嘱把乡亲们领到了附近的一座山上，发给每人一片茱萸叶、一盅菊花酒，做好了降魔的准备。中午时分，随着几声怪叫，瘟魔冲出汝河，突然闻到阵阵茱萸奇香和菊花酒气，便戛然止步，脸色突变，这时桓景手持降妖宝剑把瘟魔刺死，从此九月初九登高避疫的风俗渐渐地流传下来。另外，在中国人的传统观念中，双九还是生命长久、健康长寿的意思，所以后来重阳节又成为敬老的节日。

（三）重阳节的习俗

金秋送爽，丹桂飘香，农历九月初九的重阳佳节，活动丰富，情趣盎然，有登高、吃重阳糕、赏菊、喝菊花酒、插茱萸和簪菊花等习俗。

1. 登高

在古代，民间在重阳节有登高的风俗，故重阳节又叫"登高节"。相传此风俗始于东汉。唐代文人所写的登高诗大多是描写重阳节的。杜甫的七律《登高》，就是写重阳登高的名篇。登高之处，没有统一的规定，一般是登高山、登高塔。

2. 吃重阳糕

重阳糕又称花糕、菊糕、五色糕，制无定法，较为随意。九月九日天亮时，长辈以片糕搭子女头额，口中念念有词，祝愿子女百事俱高，此乃古人九月做糕的本意。讲究的重阳糕要做成九层，像座宝塔一样，上面还要做两只小羊，以符合重阳（羊）之意。有的还在重阳糕上插一个三角红纸旗，并点蜡烛灯。这大概是用"点灯""吃糕"代替"登高"的意思，用红纸旗代替茱萸。当今的重阳糕，仍无固定品种，各地在重阳节吃的松软糕类都称为重阳糕。

3. 赏菊和饮菊花酒

重阳节正是一年的金秋时节，此时菊花都已盛开。据传赏菊及饮菊花酒，起源于晋代诗人陶渊明。陶渊明以隐居出名，以写诗出名，以饮酒出名，也以爱菊出名，后人多效之，遂有重阳赏菊之俗。旧时文人士大夫，还将赏菊与宴饮结合，以效仿陶渊明。在北宋京师开封，重阳赏菊之风盛行，当时的菊花有很多品种，千姿百态。民间还把农历九月称为"菊月"，在菊花傲霜怒放的重阳节里，观赏菊花成了节日的一项重要习俗。清代以后，赏菊之习尤为普遍，且不限于九月九日，但仍然以重阳节前后最为流行。重阳节还有饮菊花酒的传统习俗，"菊酒"谐音为"吉酒"，寓意驱灾祈福。明朝陈天资的《东里志》载："九月九日为重阳节。士女登高临赏，饮菊花酒以延年，采茱萸以辟恶。"

4. 插茱萸和簪菊花

古人认为在重阳节这一天插茱萸可以避难消灾，或将其佩戴于臂，或作香袋把茱萸放在里面佩戴，还有将其插在头上的。大多是妇女、儿童佩戴，有些地方，男子也佩戴。重阳节佩戴茱萸，在《西京杂记》中就有记载。除了佩戴茱萸，也有人头戴菊花。宋代，还有将彩缯剪成茱萸、菊花形状来相赠的习俗。清代，北京重阳节的习俗是把菊花枝叶贴在门窗上，"解除凶秽，以招吉祥"。

九、冬至

（一）冬至的由来

冬至，是我国农历中一个非常重要的节气，也是一个传统节日，至今仍有不少地方有过冬至的习俗。冬至俗称"冬节""长至节""亚岁"等。早在春秋时期，我国已经凭借用土圭观测太阳的方法测定出冬至了，它是二十四节气中最早制定出的节气之一，时间在每年公历的12月22日前后。冬至是北半球全年中白天最短、黑夜最长的一天，过了冬至，白天就会一天天变长。古人对冬至的说法是：阴极之至，阳气始生，日南至，日短之至，日影长之至，故曰"冬至"。冬至过后，各地气候都进入最寒冷的阶段，也就是人们常说的"进九"，我国民间有"冷在三九，热在三伏"的说法。

我国古人对冬至很重视，冬至被当作一个较大的节日，有"冬至大如年"的说法，而且有庆贺冬至的习俗。《后汉书》中说："冬至阳气起，君道长，故贺。"人们认为：过了冬至，白天一天比一天长，阳气回升，是一个节气循环的开始，也是一个吉日，应该庆贺。《宋书》记载："魏晋冬至日受万国及百僚称贺。因小会，其仪亚于岁朝。"此记载说明古人对冬至日十分的重视。现在，一些地方还把冬至作为一个节日来过。北方地区有冬至宰羊、吃饺子、吃馄饨的习俗；南方地区在这一天则有吃冬至米团、冬至长线面的习俗。各个地区在冬至这一天还有祭天祭祖的习俗。

（二）冬至的传说

相传汉朝时，北方匈奴经常骚扰边疆，百姓不得安宁。当时匈奴部落中有浑氏和屯氏两个首领，十分凶残。百姓对其恨之入骨，于是用肉馅包成角儿，取"浑"与"屯"之音，呼作"馄饨"，吃之，求平息战乱，能过上太平日子。因最初制成馄饨是在冬至这一天，故有了冬至吃馄饨的习俗。

（三）冬至的习俗

冬至经过数千年的发展，形成了独特的节令饮食文化。诸如馄饨、饺子、汤圆、赤豆粥、黍米糕等都是常吃的食品。时兴的"冬至亚岁宴"的名目也很多，如吃冬至肉、献冬至盘、供冬至团、馄饨拜冬。

1. 吃馄饨

吃馄饨的风俗比较普遍。早在南宋时，临安人就有在冬至吃馄饨的习俗。吃馄饨这一习俗开始是为了祭祀祖先，后逐渐盛行开来，民间有"冬至馄饨夏至面"之说。馄饨发展至今，名号繁多，做法各异，鲜香味美，遍布全国各地，深受人们喜爱。馄饨在不同地区称呼各不相同，如广东称云吞，湖北称包面，江西称清汤，四川称抄手，新疆称曲曲。

2. 吃汤圆

吃汤圆也是冬至的传统习俗，在江南尤为盛行。汤圆是冬至必备的食品之一。汤圆是一种用糯米粉制成的圆形甜品，"圆"意味着"团圆""圆满"，冬至吃汤圆又叫"冬至团"。民间有"吃了汤圆大一岁""家家捣米做汤圆，知是明朝冬至天"等说法。

3. 吃羊肉

北方还有不少地方，在冬至这一天有吃羊肉的习俗，因为冬至过后天气进入最冷的时期，中医认为羊肉有补体的功效，故民间至今有冬至进补的习俗。

知识链接

中国农民丰收节

　　自 2018 年起，我国将每年农历秋分设立为"中国农民丰收节"。"中国农民丰收节"是第一个在国家层面为农民设立的节日。设立这一节日将进一步强化"三农"工作在党和国家工作中的重中之重地位，营造重农强农的浓厚氛围，凝聚爱农支农的强大力量，推动乡村振兴战略实施，促进农业农村加快发展。"秋分"是农历"二十四节气"中的第 16 个节气，时间恰好进行到从"立秋"到"霜降"这 90 天中的一半。秋分时节，风和日丽、丹桂飘香、蟹肥菊黄，正是一派瓜果飘香五谷满仓的丰收景象。从传统意义上看，秋分是秋收冬藏的终点，更是春耕夏种的起点，正如农谚说的"白露早，寒露迟，秋分种麦正当时"。因此，国家将每年的"秋分"设立为"中国农民丰收节"，既体现了对传统"二十四节气"这种古人智慧的致敬和传承，更体现了新时代农民知晓自然更替、顺应自然规律、适应可持续发展的生态观。

拓展活动

活动项目：做调查

调查所在地区的春节传统习俗。

活动准备：

1. 前期宣传：让学生了解这次活动的目的、意义。

2. 成立调查小组：在调查进行前分小组，选出小组长。

活动流程：

1. 确定本次调查的地点范围，拟定调查方案。

2. 调查当地人民过春节的传统习俗，并做记录。

3. 对当地春节特别的传统习俗进行分析，思考是应弘扬、变革还是摒弃。

活动评价：

序号	评价指标	评价要求	效果评价（是 / 否）
1	春节的传统习俗	实事求是、原汁原味	
2	春节的特色	语言朴素、内容详细	
3	活动体验	有扬有弃、批判继承	

活动反思：

通过这次调查活动，你最大的收获是什么？

你对在这次活动中自己的表现感到：

非常满意 ☐ 一般满意 ☐ 不满意 ☐

第三节 节气

学习目标

· 了解节气的由来和传说。

· 认识节日和节气的区别。

· 熟悉二十四节气。

经典导入

清　明

唐·杜牧

清明时节雨纷纷，路上行人欲断魂。

借问酒家何处有？牧童遥指杏花村。

议一议

节气是指二十四个时节和气候，是中国古代的一种用于指导农事的补充历法，是中华民族长期劳作经验的积累和智慧的结晶。

知识探究

节气泛指二十四节气，是中国古代的一种用于指导农事的补充历法，是中华民族劳动人民长期经验的积累和智慧的结晶。

一、节气的由来

节气是指中国农历中表示季节变迁的 24 个特定节令，是我国古代劳动人民通过观察太阳周年运动及一年中时令、气候、物候等方面的变化规律总结出来的，是传统文化的结晶。古人把太阳周年运动轨迹划分为 24 等份，每一等份为一个节气，始于立春，终于大寒，周而复始。运用二十四节气科学地安排日常生产生活，对于顺应农时具有重要的指导意义。

二十四节气从立春开始到大寒，按照春夏秋冬四季分布如下：

春季节气：立春、雨水、惊蛰、春分、清明、谷雨。

夏季节气：立夏、小满、芒种、夏至、小暑、大暑。

秋季节气：立秋、处暑、白露、秋分、寒露、霜降。

冬季节气：立冬、小雪、大雪、冬至、小寒、大寒。

人们把二十四节气总结成"春雨惊春清谷天，夏满芒夏暑相连，秋处露秋寒霜降，冬雪雪冬小大寒"的歌诀，流传至今。

每个季节有六个节气，每个月有两个节气，每个节气相隔半个月左右。在二十四节气中，"立"是"开始"的意思，"分"是"分开、一分为二"的意思。如立春这个节气的意思就是说春天开始了，春分就是春天的中间。立春、立夏、立秋、立冬和春分、秋分、夏至、冬至这八个节气代表的是春、夏、秋、冬四季的交替变换，与农事耕作息息相关，被称为"四时八节"。由于中国地域辽阔，具有非常明显的季风性和大陆性气候，各地气候差异较大，因此不同地区的四季变化也有很大差异。小暑、大暑、处暑、小寒、大寒等五个节气反映了气温的变化，用来表示一年中不同时期的寒热程度；雨水、谷雨、小雪、大雪四个节气反映了降水现象，表明降雨、降雪的时间和强度；白露、寒露、霜降三个节气表面上反映的是水汽凝结现象，实质上反映出气温逐渐下降的过程和程度；惊蛰、清明、小满、芒种反映的是物候特征和现象，比较直接地说明了农事活动的进展程度。

2016 年 11 月 30 日，二十四节气被正式列入联合国教科文组织人类非物质文化遗产代表作名录。在国际气象界，二十四节气被誉为"中国的第五大发明"。

二、节日和节气的区别

节日是人们为了举行某些重要的活动而约定俗成的日子，比如，清明本是节气，但成了人们祭奠亲人寄托哀思的传统节日。节气是一个时刻、时间点。节气就是时节气候的意思，一般指我国农历中的二十四个节气，它是古代用于指导农民耕种的一种历法。

三、二十四节气的内容

（一）立春

立春又叫打春，是二十四节气中的第一个节气，通常在每年公历的 2 月 4 日前后。立春的意思就是"春天来了"。关于立春的谚语有很多：如"一年之计在于春""立春雨水到，早起晚睡觉""立春一年端，种地早盘算"，这些谚语都是在提醒人们注意春耕。

民间在立春这一天要进行各种立春活动，如打春牛、咬春。

部分地区将民间制作的小泥牛称为"春牛"。在立春这天由村里一位有名望的长辈用鞭子象征性地打"春牛"三下，嘴里喊着一打"风调雨顺"，二打"国泰民安"，三打"五谷丰登"的吉祥话，寓意新一年的农事开始，提醒人们赶紧春耕，这称为"打春牛"。

咬春是指在立春这天吃萝卜，人们认为这可以解除春困。此外，萝卜还可以解酒、通气，具有补充营养、健身、祛病等功效。

（二）雨水

雨水是二十四节气中的第二个节气，从这天开始，气温回升，冰雪融化，降雨增多。如果说立春是春回大地的开始，而雨水则让我们明显地听到了春天的脚步声，嗅到了春天的气息。

雨水通常是在每年公历的 2 月 19 日前后。雨水过后，油菜和冬小麦开始返青，万物也开始复苏，一切都显得那么的有活力，生机勃勃，这就是"春雨贵如油"的原意。

（三）惊蛰

惊蛰是二十四节气中的第三个节气。"蛰"有"藏"之意，惊蛰时节，春雷阵阵，惊醒了地下冬眠蛰伏的动物，故人们把这个节气称作惊蛰。

在历法上，惊蛰通常在每年公历的 3 月 6 日前后。惊蛰是踏青赏花的时节，也是农忙的季节，正如农谚所说，"到了惊蛰节，锄头不能歇""春雷响，万物长"。

（四）春分

春分是二十四节气中的第四个节气。"春分"就是"把春天平分"的意思，而且这一天太阳垂直照射赤道，白天和黑夜是等长的。

春分一般在每年公历的 3 月 21 日前后，春分时节，阳光明媚。明清两代的皇帝会在春分这一天祭祀太阳。

（五）清明

清明既是我们熟悉的一个节气，又是中国人心中重要的传统节日之一，在这一天人们要去祭扫坟墓，缅怀亲人，感念祖宗。清明一般在每年公历的 4 月 5 日前后，清明过后气温回升，天气转暖。民间有"清明断雪，谷雨断霜"的谚语。

（六）谷雨

谷雨是二十四节气中的第六个节气，也是春季的最后一个节气，一般在每年公历的 4 月 20 日前后。谷雨过后，雨量会增加，气温持续回升。古代的"雨生百谷"就说明了此时的气候对农作物生长的影响。谚语有"谷雨前后，种瓜点豆"，说的就是谷雨时的春耕种植。

（七）立夏

立夏是二十四节气中的第七个节气，也是夏季的第一个节气，标志着春季的结束，夏季的到来，万物生长，欣欣向荣。

立夏通常在每年公历的 5 月 5 日前后，气温明显升高，雷雨增多。我国古代是很重视立夏的，在立夏这一天君王要亲率文武百官到郊外"迎夏"。

（八）小满

小满是二十四节气中的第八个节气，也是夏季的第二个节气。小满的意思是夏熟作物籽粒开始灌浆饱满，但还未成熟，只是"小满"，还未"大满"。

小满通常在每年公历的 5 月 21 日前后，从小满开始，南北各地温差逐渐缩小。

（九）芒种

芒种也称"忙种"，这个节气的名字很形象，既指忙着播种，也指忙着收割。

芒种节气一般在每年公历的 6 月 6 日前后。农谚有"芒种芒种，忙收忙种""芒种忙，麦上场"等。

（十）夏至

夏至代表着夏天最炎热的阶段开始了，日光直射北回归线，出现"日北至，日长至，日影短至"的现象，故称"夏至"。

夏至通常在每年公历的 6 月 22 日前后。在这一天，民间有庆祝丰收、祭祀祖先的习俗。

（十一）小暑

小暑是二十四节气中的第十一个节气，是夏季的第五个节气，通常在每年公历的 7 月 7 日前后。

暑是炎热的意思，到了小暑意味着我国大部地区将进入炎热季节。小暑时节需要有充足的雨量才能满足农作物生长的需要，农谚有"小暑无雨，谷里无米""小暑旱，喝稀饭"等。

（十二）大暑

大暑与小暑一样，都是反映夏季炎热程度的节令，大暑在每年公历的 7 月 23 日前后，正值中伏前后。这一时期是全年最炎热的时期，农谚有"小暑大暑，热死老鼠""大暑不暑，五谷不鼓"等。

（十三）立秋

立秋是二十四节气中的第十三个节气，是秋季的第一个节气。立秋的意思是秋季的开始，通常在每年公历的 8 月 8 日前后。

立秋后虽然依旧炎热，还有所谓的"秋老虎"之说，但气温总体上已由大暑的高位逐渐下降，故农谚有"秋风凉，添衣裳"之说。

（十四）处暑

处暑是二十四节气中的第十四个节气，是秋季的第二个节气。"处"为结束之意。处暑通常在每年公历的 8 月 23 日前后，处暑过后天气将变得凉爽。

（十五）白露

白露是二十四节气中的第十五个节气，是秋季的第三个节气，通常在每年公历的 9 月 8 日前后。由于太阳直射点明显南移，各地气温下降很快，天气凉爽，晚上贴近地面的水汽在草木叶子上结成白色露珠，因此人们将这一节气称作"白露"。

关于白露的农谚有"白露割谷子，霜降摘柿子"等。

（十六）秋分

秋分是二十四节气中的第十六个节气，是秋季的第四个节气，通常在每年公历的 9 月 23 日前后。"秋分"有两层意思：一是秋分日居于秋季之中，平分了秋季；二是日光直射点又回到赤道，形成昼夜等长。

秋分时节，大部分地区已进入凉爽的秋季，每降雨一次，气温也就降低一次，故农谚有"一场秋雨一场寒"之说。

（十七）寒露

寒露通常在每年公历的 10 月 8 日前后。从字面上看，寒露表示寒冷的露水。与白露相比，寒露所体现的意思是气温已经有寒冷的感觉了，露水是寒冷的，这和凉爽是不同的。农谚有"吃了寒露饭，单衣汉少见""寒露收山楂，霜降刨地瓜"等。

（十八）霜降

霜降是二十四节气的第十八个节气，也是秋季的最后一个节气，通常在每年公历的 10 月 24 日前后。

霜降是秋季的最后一个节气，霜降后天气一天比一天冷，叶落草枯，一些动物开始冬眠，给人一种悲凉萧条之感。农谚有"霜降有霜，米谷满仓""十月不下霜，种地一包糠"等。

（十九）立冬

立冬是二十四节气中的第十九个节气，也是冬季的第一个节气，通常在每年公历的 11 月 8 日前后。立冬就是冬季开始的意思，"冬"的意思有两层：一层是指冬季到来，天气寒冷；另一层是指对各种农作物收割储藏。从古至今，人们对立冬是很重视的，在这一天，人们会做一些好吃的，当作对自己一年辛勤劳动的犒赏。

（二十）小雪

小雪是二十四节气中的第二十个节气，是冬季的第二个节气，通常在每年公历的 11 月 23 日前后。

小雪节气，寒冷的北风吹来，大部分地区开始降雪，但雪量小，地面难以积雪，且降雪次数也不多，故人们把这个节气叫小雪。

（二十一）大雪

大雪是二十四节气中的第二十一个节气，是冬季的第三个节气，通常在每年公历的 12 月 7 日前后。大雪和小雪、雨水、谷雨节气一样，都是反映降水的节气。农谚有"小雪腌菜，大雪腌肉""小雪封地，大雪封河""大雪雪满天，来年是丰年"等，此时北方地区会呈现"千里冰封，万里雪飘"的壮丽景观。

（二十二）冬至

冬至又称长至、交九或数九，是二十四节气中的第二十二个节气，冬季的第四个节气，通常在每年公历的 12 月 22 日前后。从古至今，民间均有"冬至大如年"的说法，说明人们对冬至节气尤为重视，把它看得与"岁首"一样重要。

根据记载，在我国的春秋时期，智慧的中国人就用日晷准确地测到了冬至日，这个了不起的发现距今已有二千五百多年了。在天文学上，冬至这一天，太阳直射南回归线，北半球"日短之至，日影长之至"，故称这一天为冬至。冬至以后气温持续下降，并开始数九。"一九二九不出手，三九四九冰上走，五九六九沿河看柳，七九河开，八九雁来，九九加一九，耕牛遍地走"，这首《数九歌》不仅表现了人们多年来对气候的经验总结，也表现了人们在严冬时节对春天的企盼。

冬至也是民间的传统节日。在南方，人们有吃糍粑的习惯，寓意与亲邻和谐相处；在北方，人们有吃饺子、馄饨的习惯，寓意"团圆""圆满"。民间有"冬至馄饨夏至面"的俗语。

（二十三）小寒

小寒通常在每年公历的 1 月 6 日前后，小寒在二九天里，农谚有"小寒小寒，冻成一团"等。

（二十四）大寒

大寒的意思是天气寒冷到了极点，是二十四节气中的最后一个节气。大寒时风大、气温低、地面积雪，呈现出天寒地冻的景象，可谓"朔风呼啸，蜡树银山"。大寒过去，立春就要到来，即将迎来新一年的节气轮回。

大寒通常在每年公历的 1 月 20 日前后，农谚有"小寒不如大寒寒，大寒过后天渐暖""小寒大寒，杀猪过年"等。

知识链接

2006 年，"农历二十四节气"入选第一批国家级非物质文化遗产代表性项目名录；2011 年，九华立春祭、班春劝农、石阡说春等民俗被列入该遗产项目的扩展名录；2014 年，三门祭冬、壮族霜降节、苗族赶秋、安仁赶分社等民俗被列入该遗产项目的扩展名录。2016 年 11 月，"二十四节气——中国人通过观察太阳周年运动而形成的时间知识体系及其实践"被列入联合国教科文组织人类非物质文化遗产代表作名录。

拓展活动

活动项目：讲故事

举行别开生面的二十四节气故事会。

活动准备：

1. 活动地点：本班教室。

2. 分组：以组为单位，每组 6～8 人，自由组合，明确组长和组员的任务。

3. 各组搜集与节气有关的故事。

活动流程：

1. 每组推荐 1 人作为参赛选手。

2. 进行比赛。

3. 组与组互相评价。

4. 教师点评。

活动评价：

序号	评价指标	评价要求	效果评价（是 / 否）
1	故事内容	内容紧扣节气主题，健康向上、层次清晰、构思巧妙	
2	语言表达	语言流畅、声音响亮、激情昂扬	
3	现场感染力	具有感染力，能引起教师、各组成员的共鸣	

活动反思：

1. 通过这次节气故事会，你最大的收获是什么？

2. 你对在这次故事会中自己的表现感到：

非常满意 ☐　　一般满意 ☐　　不满意 ☐

第四节　成人礼俗

学习目标

· 了解成人礼俗。

· 了解成年礼的意义。

礼仪之邦

经典导入 --

《论语·季氏》曰："不学礼，无以立。"

▦▦ 议一议 --

中华几千年的礼俗，已经深深地融入了中国人的民族性格与文化心理之中，其中成人礼俗是人们在社会生活中积淀的文化认同。

▦▦ 知识探究 --

成人礼是一个人告别青涩岁月、宣告长大成人的仪式。它代表着一个人从稚嫩走向成熟，开始脱离父母的养育、监护，开始在家族里和社会上享有权利、承担义务。在这个时候长辈们就要为孩子举行成人仪式，以示孩子已经长大成人，开始步入社会了。

男子的成人礼叫"冠礼"，一般二十岁时举行；女子的成人礼叫"笄礼"，一般十五岁时举行。汉文化是礼仪的文化，而冠笄之礼就是华夏礼仪的代表之一。长辈为跨入成年的青年男女举行这一仪式，是要提示他们：从此将由在家庭中毫无责任的"孺子"转变为跨入社会的成年人，要开始承担责任，要遵守良好的德行。个体通过这种仪式，可以正视自己肩上的责任，完成角色的转变。

一、冠礼

冠礼是古代男子的成人仪式。《礼记·冠义》中说："敬冠事，所以重礼，重礼，所以为国本也。"在古人看来，冠礼是对一个人进行礼仪教育的重要环节，是建立"君臣正，父子亲，长幼和，而后礼义立"这种礼乐文明的开端。

据史书记载，冠礼始于周代。按周制，男子二十岁行冠礼，天子诸侯为早日执掌国政，多早行冠礼。传说周文王十二岁而冠，成王十五岁而冠。古代冠礼在宗庙内举行，日期为两天，冠前十天内，受冠者要先卜筮吉日，十日内无吉日，则筮选下一旬的吉日。然后将吉日告知亲友。冠礼前三日，又用筮法选择主持冠礼的大宾。加冠仪式开始后，受冠者的父亲先入座，受冠者入座冠席，并由辅助加冠的来宾为其梳头、挽髻、加簪等，然后由大宾给受冠青年戴冠。加冠一般是三次：先加由黑麻布做成的缁布冠，表示不忘本，从此有治家的责任；再加用白鹿皮做成的皮弁，表示从此有服兵役的义务；最后加赤黑色的细麻布做成的爵弁，表示从此有参加祭祀活动的权利。

以上是一般人的冠礼，其冠为三加。如果是诸侯的冠礼，其冠则为四加，即再加玄冕。若是天子的冠礼，即在诸侯冠礼的基础上，再加衮冕。每次加冠毕，皆由大宾对受冠者说祝词，内容为：在这美好吉祥的日子，给你加上成年人的服饰；请放弃你的孩子气，培养成年人的情操；保持威仪，培养美德；祝你万寿无疆，大福大禄。然后，受礼者拜见其母。再由大宾为他取字，周代通常取字称为"伯某甫"（伯、仲、叔、季，视排行而定）。受冠者则穿着礼帽礼服去拜见长辈，又执礼贽（野雉等）拜见乡大夫等。若父亲已殁，受冠者则须向父亲的神主祭祀，表示在父亲面前完成了冠礼。祭后拜见伯、叔，然后飨食。加冠、取字、拜见长辈之礼，后世因时因地而有变化，民间自十五岁至二十岁举行，各地不一。清朝中期以后，多移至娶妇前数日或前一日举行。

二、笄礼

笄礼，即女孩的成人礼，是古代嘉礼的一种。笄，即簪子，故笄礼俗称"上头""上头礼"。自周代起，女子在出嫁之前行笄礼，即一般在其十五岁时举行。

受笄即在行笄礼时改变幼年的发式，将头发绾成一个髻，然后用一块黑布将发髻包住，随即以簪插定发髻。主行笄礼者为女性家长，由约请的女宾为少女加笄，表示女子成年可以结婚。贵族女子受笄后，一般要在公宫或宗室接受成人教育，授以"妇德、妇容、妇功、妇言"四个方面的教育，即作为媳妇必须具备的待人接物及侍奉公婆的品德礼貌与女红劳作等技巧本领。后人改为由少女之母申以戒辞戒规，教之以礼，称为"教茶"。女子年十五岁，则称为"及笄"。《仪礼·士昏礼》载："女子许嫁，笄而醴之，称字。"《礼记·内则》载："女子……十有五年而笄。"

知识链接

成人礼起源于原始社会时期，随着族外婚的发展，为禁止氏族内部通婚衍生而来。一般当众举行，氏族或部落的老年人主持，通过考验青年人，使其具备氏族或部落成员所应具备的勇气和能力，并由此表明他们成为氏族或部落的正式成员，获得婚姻和其他的社会权利。从世界范围来看，成人礼曾经在众多民族的历史发展中存在过，并因地域和文化差异而表现出多种类型和不同特色。

拓展活动

活动项目：拜师

举办一次拜师礼活动。

活动准备：

1. 场地：本班教室。

2. 分组：每组 6～8 人，明确组长。

活动流程：

1. 同学分组练习。

2. 各组行拜师礼。

3. 教师归纳总结。

活动评价：

序号	评价指标	评价要求	效果评价（是 / 否）
1	仪容仪表	服装整洁、精神饱满	
2	拱手行礼	动作规范，统一协调	
3	活动体验	能感受礼仪在生活中的重要性	

活动反思：

1. 你在这次活动中有哪些想法？

2. 你对在这次活动中自己的表现感到：

　　非常满意 ☐　　一般满意 ☐　　不满意 ☐

第二章　民风

第一节　家谱

学习目标

· 了解家谱的起源和发展。

· 了解家谱的编纂方法。

· 掌握家谱的作用，正确认识家谱，了解中华民族宗亲文化。

经典导入 --

梁启超在《中国近三百年学术史》中说："欲考族制组织法，欲考各时代各地方婚姻平均年龄、平均寿数，欲考父母亲两系遗传……无数问题，恐除了族谱、家谱，更无他途可以得资料。"

议一议 --

流水有源，人生有祖，百家有谱。家谱是记载同宗共祖的血缘集团世系人物和事迹等方面情况的历史图籍。家谱、方志等资料是我国历史文献的重要组成部分，是我国珍贵的文化遗产。

知识探究 --

家谱又称族谱、宗谱、祖谱、谱牒、家乘等。家谱是一种用来记载一个家族的世系繁衍及重要成员事迹的书册。编纂家谱的目的是区分家族成员血缘关系的亲疏远近，说世亲、序长幼，使本家族的人物事迹代代相传。

关于家谱的起源问题，历来说法不一。一说起源于周代，一说起源于秦汉时期，一说起源于宋代。根据历代文献记载和 20 世纪殷墟出土的甲骨文考证，中国家谱起源于商周时期一说比较可信。商周时期已有了"世纪""世表""世亲"等谱学文献。尊重家谱是尊敬祖先的表现，中国人有很朴素的祖先信仰、伦理传承，而且韩国、日本、新加坡等国家也深受中国传统文化的影响，保存了很多完好的家谱。

我国历史上一直有编纂家谱的风俗传承。先秦时期，社会上流传有《周官》《世本》等谱学文献，秦汉以后，又出现了《潜夫论·志氏姓》《风俗通义·姓氏》等谱学著作。皇帝的家谱称作玉牒，如"新朝玉牒""皇宋玉牒"，它以记载家族世系和人物为中心，是由正史中的帝王本纪及王侯列传、年表等文献演变而来的。到魏晋南北朝时期，门阀制度盛行，家谱成了士族间婚姻和仕宦的主要依据，并迅速发展起来。隋唐五代之后，修谱之风在民间盛行，遍及全国各个家族，可谓家家有谱牒，户户有家乘。

家谱的内容到了宋代已具备三个部分：第一部分是世系图，若想知道谱中某人所承世系，属于何代，其父祖何人，一看此图便一目了然；第二部分是家谱正文，是按世系图中所列各人的先后次序编定的，分别介绍各人字号、父讳、行次、时代、职官、封爵、享年、卒日、谥号、婚配等，这些文字实际上相当于人物小传；第三部分为附录。家谱对研究姓氏的源流、迁徙、分布、文化等有较大的参考价值。

如今，家谱同各姓氏的郡望、堂号一样，不仅能用来区别姓氏源流，还可作为研究历史、地理、社会、民俗等的参考资料，更是姓氏文化的重要组成部分。家谱是中国五千年文明史中具有民间特色的文献，是记载同宗共祖血缘集团世系人物和事迹等方面的历史图谱。有的家谱属珍贵的人文资料，对于历史学、民俗学、人口学、社会学和经济学的深入研究，有着不可替代的独特功能。

孔氏族谱是中国历史上延续时间最长、包罗内容最丰富、谱系最完整的族谱。历朝历代的孔氏宗族视修谱为合族大事，通过修谱可以把居住分散、血缘关系相对疏远的孔氏族人凝聚在一起，从而达到"详世系、联疏亲、厚伦谊、严冒紊、序昭穆、备遗忘"的目的。

在孔氏宗族中，除大宗主衍圣公主持纂修的全谱外，各户、各支派还有自己纂修的小谱或支谱。这些谱牒各具特色，保存了大量珍贵的历史资料。比如，《林前户支谱》记载了从汉至清历代皇帝对孔氏减免赋役的敕文，并收入嘉庆年间立于孔庙毓粹门下的蠲免碑文。《大宗支谱》则收入了更为详细的资料，在人名之下不仅载有字号、功名、官职，还有妻妾娶自何家、其子娶何家之女、其女嫁与何家之男等内容。支谱所刊印数量较少，留存下来的仅有数部。凡是流于外地的孔氏族人纂修的支谱，必须获得衍圣公的批准，加盖衍圣公府大印后才能成立。

孔氏后人在自孔子之后的两千多年里，遍及全国各地。为了使族属代代不乱，长幼有序，老少尊卑有条理，孔氏宗族逐渐形成了一套严格的规范条例。孔氏家谱档案也以其历史长、数量多、内涵丰富，成为中国著名的私家档案。当前全世界各大图书馆收藏的中国家谱，总数约 **34000** 种。这一数字还不包括大量散布于民间的家谱。

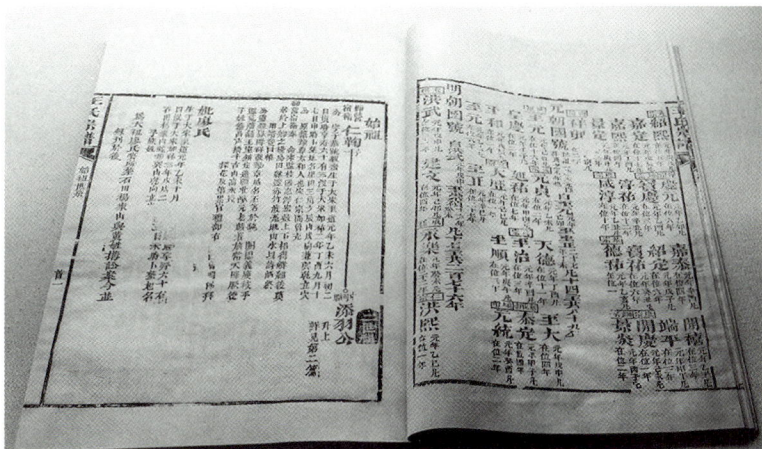

家谱

◰◰ **知识链接** ◰◰

大槐树祭祖习俗

山西洪洞大槐树移民活动始于宋室南迁时代，止于清代中后期，其中以明代洪武元年（1368 年）至永乐十五年（1417 年）间为高潮。元末明初战乱频仍，造成中原大地地广人稀的局面，但山西在改朝换代的巨变中未受重大影响，仍然保持着众多的人口。因此明代初年朝廷在 50 年间共 18 次从山西迁出移民，其中以平阳府（今山西临汾）移民数量最多，集中移民的地址即在原洪洞县广济寺外的大槐树下。山西洪洞大槐树移民构成中国历史上规模最大的移民运动，移民迁徙地遍及中国 18 个省区市的 400 多个县（市）。时至今日，大槐树移民后裔已遍布全球。几百年来，他们利用各种机会回到大槐树下祭祖，形成了丰富的移民传说和悠久的祭祖传统，大槐树也因此而成为中国人寻根问祖的象征。从 1991 年开始，洪洞县政府顺应民情，在数百年民间祭祖活动的基础上吸纳大量民间祭祀仪规，于每年4月1—10日举办"寻根祭祖节"，将历史悠久的大槐树祭祖习俗变成官民合祭的盛大民俗活动，得到海内外移民后裔的热烈响应。大槐树祭祖习俗是中华民族同根同祖历史状况的生动反映，强化了海外侨胞的文化认同感，促使世界华人和谐相处，在中华文化的指引下携手共创美好未来。2008年，大槐树祭祖习俗入选中国第二批国家级非物质文化遗产代表性项目名录。

拓展活动

活动项目：竞答赛

知识竞答赛：以"寻根问祖，家谱探源"为主题。

活动准备：

1. 场地准备：学校多媒体会堂。

2. 分组人员确定：包括参赛队员、主持人、计时员、记分员。

3. 制订评分标准。

活动流程：

1. 知识竞答参赛者入场，共4个参赛队，每队3人。

2. 宣布知识竞答赛评分标准。

3. 发放评分表。

4. 开始比赛。

5. 教师归纳总结。

活动评价：

序号	评价指标	评价要求	效果评价（是/否）
1	自我评价	1. 积极搜集资料，灵活运用资料 2. 答题反应快	
2	同学评价	团结协作，集体感强	
3	教师评价	精神饱满，积极主动	

活动反思：

1. 你在这次活动中遇到了哪些问题，是如何解决的？

2. 你对在本次活动中自己的表现感到：

非常满意 □　　　一般满意 □　　　不满意 □

第二节 家族

学习目标

- 认识什么是家族。
- 了解家族的沿革和意义。
- 树立正确的家族观念，增强文化自信。

经典导入

《管子·小匡》中载有："公修公族，家修家族，使相连以事，相及以禄，则民相亲矣。"

议一议

家族的优良传统可以帮助家庭成员建立起共同的目标和信念，加强家族凝聚力，并为家族成员提供归属感和安全感。

知识探究

家族是人类历史发展中形成的社会组织。原始社会组织先后经历了前氏族社会组织（原始群和血缘公社）、母系氏族和父系氏族三个发展阶段。原始群是人类最早的社会组织形式，这时还没有出现婚姻和家庭，既无兄弟夫妻之别，也无上下长幼之道。血缘婚是从杂婚向氏族外婚制过渡的中间环节。这一时期的氏族既是一个母系血缘集团，又是一个生产、生活单位，被马克思称为第一个"社会组织形式"。之后便出现了族外婚的母系氏族。我国传说中的最早祖先是女娲、羲和、简狄、女歧和西王母等，都是当时的杰出女性。

汉字"家"的象形解释是屋盖下有一头猪（豕），这反映了古时有固定场所的"家"的产生过程。原始社会时期的人类或住树上，或居洞穴，随兽而走，逐兽而行，居无定所，食不果腹，过着游猎生活。随着狩猎技术的提高，猎到的动物吃不完了，于是人们就把动物圈养起来。要圈养活物，就得固定居住环境，而定居比随兽而走轻松多了。家也就逐步产生了。

家是由夫妻关系与亲子女关系构成的最小的社会生活共同体，是社会的基本单位。家族，是指具有婚姻和血缘关系的人组成一个社会群体，通常由几代人组成。

在古代的封建制度下，封建的父系家长制大家族始终存留着，不论大家族内部包罗的小家族、个体家庭有多少，家族成员始终保持着"同姓一家族"的观念。

家族的重要意义有：维持家族成员共同生计，即同吃、同住、同劳动，为家族的物质生产与消费提供保证；维持家族的延续和扩大；维持家族成员间的感情融洽；管理、制约、调整内部成员的行为。

知识链接

九　族

在家族中有一个重要的概念就是"九族。"关于"九族"有两种说法：一种是限于父宗，包括上自高祖，下至玄孙的九代直系亲属，即高祖父、曾祖父、祖父、父、本人、子、孙、曾孙、玄孙。另一种说法是指主要亲属关系，包括父族四、母族三、妻族二。父族四是本人的同族（父母、兄弟、姐妹、儿女）、姑姑及子女、姐妹及子女、女儿及子女；母族三是外祖父一家、外祖母的娘家、姨母及儿子；妻族二是岳父的一家、岳母的娘家。

拓展活动

活动项目：扫墓

清明祭英烈。

活动准备：

1. 查找当地的烈士陵园。

2. 制订扫墓计划。

活动流程：

1. 去当地的烈士陵园向革命先烈敬献花篮、致敬默哀。

2. 扫墓现场聆听革命烈士在腥风血雨的战争年代抛头颅、洒热血，争取民族解放的光荣事迹，深刻体会今天美好生活的来之不易。

3. 扫墓结束后开展慰问烈属活动。

活动评价：

序号	评价指标	评价要求	效果评价（是/否）
1	把握扫墓流程	计划得当，严格执行	
2	阐述革命先烈的光荣事迹	语言朴素，客观公正	
3	活动体验	继承弘扬革命先烈的崇高精神	

活动反思：

1. 通过这次活动，你最大的收获是什么？
2. 你对在这次活动中自己的表现感到：

非常满意 [　　] 一般满意 [　　] 不满意 [　　]

第三节 家风

学习目标

· 了解家风的作用。

· 了解良好家风是如何形成的。

· 认识家规、家训、家教，弘扬家庭美德。

曾国藩家风

经典导入

习近平总书记在党的二十大报告中指出："实施公民道德建设工程，弘扬中华传统美德，加强家庭家教家风建设，加强和改进未成年人思想道德建设，推动明大德、守公德、严私德，提高人民道德水准和文明素养。"

议一议

在实现中华民族伟大复兴中国梦的征程上，要进一步加强家庭家教家风建设，培育社会主义文明新风尚。

知识探究

家风一词较早见于魏晋南北朝，唐以后被大量使用。东晋文学家袁宏有"有家风化导然也"之语，指出家风的作用是"化导"，即教育引导。南北朝皇侃提到"家风由父"，说明在当时的社会里，父亲在家风的形成中起决定作用。古人把家风教育作为教育的初始阶段，如"昔称幼学，早训家风""自童子耳熟家训""少习家训，长得名师"。庾信《哀江南赋》序中说"潘岳之文采，始述家风；陆机之辞赋，先陈世德"，是说他们把家风世德作为最优先的创作题材。当时的大家族皆以"世守家风"为要务。唐宋以后家族形态有所变化，但仍重视家风的传承，如司马光《训俭示康》重视"习其家风"。古人多以清白形容家风，如柳宗元句"嗣家风之清白"，又如南宋张道洽句"清白家风不染尘"。

家风又叫门风，简单地说就是一个家庭的风气，包括为人处世的态度和行为准则。家风是由家庭成员的态度、行为和氛围营造的，存在于家庭的日常生活之中，表现在人们处理日常生活各种关系的态度和行为中。家风犹如一种磁场深深地吸引着家族成员，让人发自内心地服从和遵守。辛弃疾《水调歌头·题永丰杨少游提点一枝堂》词："一葛一裘经岁，一钵一瓶终日，老子旧家风。"

因家风清廉质朴、善良守信、进取有为而赢得赞誉的古今名人不胜枚举。包拯严厉要求其后代不犯赃滥，不违其志，否则就不是包家子孙，死了也不得葬在包家祖坟。岳母姚氏在岳飞背上刺下"精忠报国"四个大字，岳飞又严格教育参战的儿子，一心报国。

良好的家风是一个家庭或家族的传统风尚，如同无声的教诲，助人立德立言、成人成才，让后人铭刻在心，代代受益。优良的家风传承是中华文明薪火相传、生生不息的重要原因。

良好家风是一种无形的精神力量，可以让人振奋精神，激励斗志，迸发出身心健康、积极向上、团结协作的精神。在这种环境中养成的行为习惯能够使家人终生难忘，成为这个家族里每一个成员自觉奋进的动力，从而推动整个家族的繁荣和发展。优良的家风对形成良好的社会风气也有着积极的作用。

一、家风的作用

"一家仁，一国兴仁；一家让，一国兴让。"家风好，则民风好、国风好。家风纯正，雨润万物；家风一破，污秽尽来。家风隳坏，祸及全家。普通家庭家风不正、管教不严，子女很容易招惹祸端。领导干部家庭，如果家风崩毁，那么不仅祸害家族，而且直接损害党和政府的形象。良好的家风在人们的成长过程中起着关键的作用，是人们终身的财富。青年在良好家风的熏陶下，会主动塑造自己的良好行为，养成良好的习惯，成就美好的人生。良好的家风包括以下几个方面：

（1）讲究道德，诚实守信。道德是一个人立身处世的根本，是家风的核心。高尚的道德可以让人精神充实、生活高雅，养成良好的生活习惯。诚实守信是一个人的名片，青年只有养成诚信的品格，在将来的学习和工作中才更容易成功，才能赢得长久的荣誉和尊敬，给家庭带来长久的欢乐和安详。

（2）重视学习，崇尚知识。我国自古以来就有崇尚学习的传统。作为家长要以身作则，重视学习、崇尚知识，以自己的言行熏陶子女，让家庭充满学习气氛，通过学习立身立德、增智强能。青年成长在充满学习气氛的家庭中，很容易养成自觉学习的良好习惯，具备浓厚的学习兴趣，从而提高自身的学习成绩，这对于一个家庭来说是千金难买的。

（3）勤俭持家，尊重劳动。勤俭是一种催人奋进的精神力量，也是个人健康成长的法宝。勤俭的家风可以防止青年产生优越感，自觉克服身上的娇气。劳动是创造一切幸福的源泉，青年在尊重劳动的家风熏陶下，会树立自食其力的观念，从小培养自己的自立能力，养成坚韧不拔、积极进取的性格。

（4）家庭和睦，合理教子。和睦的家庭关系会给孩子创造一个良好的家庭氛围。孩子只有生活在和谐温暖的家庭，受到积极健康的精神影响，才能心情愉快，积极进取，养成良好的行为习惯。家长对孩子的教育方式也要科学、合理，学会主动倾听意见，让孩子在和谐、温暖和相亲相爱的家庭氛围中健康成长。

（5）尊老爱幼，邻里互助。尊老爱幼是传统美德，也是重要的家风。它有助于促进家庭和睦，让青年生活在一个良好的家庭氛围里。要与邻里和睦相处，互帮互助，对有困难的邻居要同情、关心和帮助，这样才能营造一种和谐、融洽的邻里关系。

二、赓续良好的家风

赓续良好的家风，可通过以下途径实现。

（1）家风要正。如果在一个家庭中，家风不正了，又怎么去培养优秀的后代呢？因此，只有良好的家风，才能让家庭成员树立正确的世界观、人生观、价值观。

（2）家庭成员要互相理解。家庭成员之间应该给予彼此信任和理解，只有在这样的家庭环境下，人和人之间多了一点信任和宽容，才能够少一些争执，让整个家庭散发出暖暖的温情、浓浓的爱意。

（3）家庭氛围要和睦。如果一个家庭每日都在不断上演各种打打闹闹的悲剧，怎么能培养下一代的良好家风呢？所以，每个家庭成员都应该努力营造和谐的氛围，彼此之间友爱多一些，计较少一些；关怀多一些，猜疑少一些。

（4）家庭环境要舒适。舒适的家庭环境，并非指拥有高档的生活用品，而是指使我们所生活的家能够时刻保持整洁、有序和条理，让每个家庭成员都能在其中感到舒适、放松。

（5）做好言传身教。每个家庭都有自己的规则，这是毋庸置疑的。虽然很少有家庭会用文字记录下来规则，但是长者用言传身教对晚辈做好传统美德教育是必不可少的。如果这些教育不做好的话，传承良好家风是很难做到的。

（6）重视对晚辈的培养。一个家庭尽管有着良好的家风传统，但是如果不重视代代相传，是很难让自己的晚辈成人、成才、成功的。所以，作为父母要注重对自己子女的家风教育和培养，千万不要忽视了自己应尽的这份责任和义务。

三、家风的形式

（一）家规家训

家规也叫家法，是一个家族所传下来的教育、规范后代子孙行为的准则。"国有国法，家有家规"就是指一个国家有一个国家的法律，一个家庭有一个家庭的规矩。家规就是家庭的规矩，家庭成员在家内家外做任何事都要懂得讲规矩。家训是家族传承家规的手段，以遗命、宗谱训诫或单独刊印等形式存在。

家规的首要功能是"齐家"，即对家庭实行有序治理，保证家庭和睦。在古代儒家传统中，修身是齐家的基础，齐家又是治国、平天下的前提。在古人看来，家是国的基础，国是家的延伸，家国同构、家国一体，治理家庭的道理与治理国家的道理是相通的。《周易·家人卦》说"正家而天下定矣"，一个人不能治家也就难以治国。家规的另一功能是"修身"，即提供行为规范，重视约束，强调道德修身、品性养成，把家庭作为道德训练和培养的基本场所。

中国古代的家训文化起源甚早，如孔子看见经过庭院的儿子孔鲤，问他"学诗乎""学礼乎"，又告诫他"不学诗，无以言""不学礼，无以立"。后世把孔子在庭院中对儿子的教诲称为"庭训"，也可以说是家训。这个例子历来被认为是古代家训的源头。"诫子书"也可看作一种家训的形式，如三国时期的政治家诸葛亮晚年的《诫子书》倡导"夫君子之行，静以修身，俭以养德。非淡泊无以明志，非宁静无以致远"，强调修身养德，为后来的家训家规树立了典范。

南北朝时期家训文化开始盛行。北齐的颜之推作《颜氏家训》二十篇，其训诫不再以家庭某个成员为对象，而是以家族整体为对象，后人称为家训之祖。清代人认为《颜氏家训》一书"凡为人子弟者，可家置一册，奉为明训，不独颜氏"。当然也有简约的家训，只用一句话表达，如唐朝人说"以忠贞为仕模，以勤俭为家训"。家训在唐宋时已经多见，如唐代韩愈说"能守家规"，宋人很重视家训："为子孙者尤当善守家规，翼翼以诚身，兢兢以保业，进修不已。"中国古代家训文化不仅历史悠久，而且名人家训很多，流传也广。除北朝颜之推外，北宋的司马光，南宋的朱熹、陆游、袁采，明代的杨慎、傅山、张履祥，清代的焦循、曾国藩等都传有家训。他们的后代繁衍久长，这些家训的社会影响也十分久远，在中国历史上对个人的修身、齐家都发挥了重要作用。尤其是明清时家训家规的普及达到了新的阶段。家训中常有许多名言警句，历来成为人们的治家良策或修身典范，今天仍有其积极意义。

孔氏家训的代表为明代的《孔氏祖训箴规》，它是六十四代衍圣公孔尚贤总结先人教诲、反思自身经历的结果，其主要目的是告诫族人要"崇儒重道，好礼尚德，务要读书明理"，核心理念是"勿要嗜利忘义，勿要有辱圣门"。《孔氏祖训箴规》在家庭生活方面，要求子孙祭祀祖先，不忘其本，与家人相处要遵循父慈子孝、兄友弟恭的和睦原则；在个人行为方面，则强调面对利益勿见利忘义，管理公务要秉承克己奉公的原则。孔府大门的对联、穿廊中存放的"冷板凳"、孔府三堂内两侧的铜鉴、孔府内宅屏门上的戒贪图，无不蕴含着圣裔门庭的祖训精神，体现出屹立千年而不朽的家规力量。

古代刊印的家训众多，虽然家规各有不同，但主体内容大体相近。古代家训的主要内容是强调尊祖宗、孝父母、和兄弟、严夫妇、训子弟、睦宗族、厚邻里、勉读书、崇勤俭、尚廉洁；以家庭伦理为主体，以勤俭持家为根本，重视齐家善邻和修身成德。古人认为，即使是治国平天下也是以修身齐家为基础的。古代家训十分强调道德规范，如福建永定苏氏家训是："和善心正，语言必谨，举动必端，处事必公，为官必廉，事君必忠，费用必俭，睦人必善，乡里必和。"这八"必"是通行的道德规范，其普遍的意义，并不限于家族内部。其既是官员治家修德的重要依据，也是儒家代表的社会主流价值深入社会基层的重要渠道。司马光在《温公家范》中就提出，治家的关键是不能"有爱无教""有爱无礼"，强调要"以义方训其子，以礼法齐其家"。古代家训不只强调以五伦为中心的规范规矩，同时也强调道德修养，推崇忠孝节义、尊尚礼义廉耻。比如，张之洞的治家规矩便是始于"治家"而终于"修身"。很多家训重视为官之德，也重视常行之德。金华胡氏家训"为官当以家国为重，以忠孝仁义为上"，杨慎遗训"临利不敢先人，见义不敢后身"，桐城张氏家训强调"一言一行，常思有益于人，唯恐有损于人"，这些为人称道的名训至今脍炙人口。

家庭是社会的基本细胞。古代家训的出发点是维护家庭家族的和谐有序与繁衍发展，而其实际教化功能，包括了树立基本价值观、培养道德意识、造就人格美德，成为古代以礼为教的道德文化的重要成分，也成为中华道德文化传承在最基本的社会层面的保证。古代家训特别重视道德养成和价值观引导，尤其突出传统美德的教育，这些都是值得重视的经验，应当继承发扬。批判地继承、发扬这一极具特色的宝贵的历史文化遗产，具有重要的现实意义。当然，由于历史的局限性，有些家训的一些内容已经过时，我们要取其精华，去其糟粕。

新社会新风尚，新型家训内容应该除旧立新。

（二）家教

家教，即家庭教育，指家长对子女的言传身教。家庭教育是子女在家接受的影响和教育，是一个人一生的初始教育，对人的成长有非常重要的影响。家庭教育有广义和狭义之分。广义的家庭教育，主要是指一个人在一生中接受的来自家庭成员的有目的、有意识的影响；狭义的家庭教育则是指一个人从出生到成年之前，由父母对其进行的有意识的教育。

1. 家教的意义

家教可以帮助孩子健康成长，教会孩子做人的道理，是个体社会化非常重要的途径。

"积善之家，必有余庆；积不善之家，必有余殃"。个体没有接受好的家教，就难以有完善的人格。因此，家教非常重要，其具体意义有以下几方面。

首先，家庭教育是人生的第一篇章，是个体社会化的摇篮。人一出生接触的第一个环境是家庭，第一位老师是父母。孩子都是在双亲的直接影响下长大的，家长的言行对孩子性格的养成具有潜移默化的作用。

其次，家庭教育也是学校教育的重要补充。家庭教育与学校教育理念一致，儿童社会化进展就会顺利；家庭教育与学校教育理念相悖，就会减弱学校教育的影响力。因此，家庭教育是学校教育的重要补充。

最后，家庭教育更能适应个体发展。学校教育都是面向全体学生的，是集体化的教育。尽管学校教育也强调了解每个学生的特点，因材施教，但总不及家庭教育更有针对性。

2. 家教的特点

（1）家教的先导性。一个人最早接受的教育是家庭教育。父母的言谈举止会对孩子产生深远影响。儿童正是从家庭教育中初步学会了与人的交流，懂得区分是非、美丑，辨别善恶、荣辱，形成了最初的道德观念和行为习惯。儿童所接受的这些教育，成为其以后发展的重要基础。

（2）家教的感化性。感化性是情感的一个重要特点，是指一个人的喜怒哀乐等情感，能引起别人产生同样的，或与之相联系的情感。情感是无声的语言，对人起着感化的作用；它是潜移默化的教育力量，在教育中有着特殊的意义。由于父母子女之间存在着天然的血缘关系，彼此心心相通，情感的感化性就显得更为强烈。家长的好恶取舍，常常决定着子女的行为举止。在家庭教育中，父母对子女的这种情感上的感化作用，往往是终身的。

（3）家教的权威性。在家庭教育中，家长在子女心目中具有权威性，是家长有效地教育和影响子女的重要前提。父母是子女的天然尊长，血缘上的亲密关系和经济上的依赖性使子女对父母有着特殊的依恋和依赖感，再加上父母因其自身努力工作而获得承认与尊重，具有丰富的阅历和经验、成熟的思想等，使子女形成了对父母尊崇和信任的心理。子女一旦形成这样的心理，就会自觉自愿地去接受父母的要求和劝导，向家长希望的方向发展，从而使家庭教育达到预期的目的。

（4）家教的针对性。俗话说"知子莫如父"，这话很有道理。孩子从一生下来，就和父母形影不离，朝夕相处，同父母接触的机会最多，相处的时间最长。因此，父母能够全面地、细致地了解自己的孩子。同时，又由于孩子对父母十分信任，孩子会表现出非常真实的个性，所以家长能深刻地了解孩子。这样就使家庭教育比较容易地做到因人而异、因材施教，从而对孩子进行有针对性的教育。

家庭教育因上述特点，与其他形式的教育相比较，具有很多优势。但是还应看到，家庭教育也有局限性。其主要表现首先是家庭教育内容的零散性，任何家庭都不可能像学校那样有计划地、系统地对受教育者施加影响；其次是家庭教育方式的随意性，一些父母缺乏自觉教育子女的意识，或娇宠无度，或放任自流，由此给子女的成长带来了不良影响。

知识链接

新时代家风建设

党的二十大报告指出："实施公民道德建设工程，弘扬中华传统美德，加强家庭家教家风建设，加强和改进未成年人思想道德建设，推动明大德、守公德、严私德，提高人民道德水准和文明素养。"习近平总书记对家庭、家教和家风建设有许多重要论述，他曾指出："家庭是社会的基本细胞，是人生的第一所学校。不论时代发生多大变化，不论生活格局发生多大变化，我们都要重视家庭建设，注重家庭、注重家教、注重家风，紧密结合培育和弘扬社会主义核心价值观，发扬光大中华民族传统家庭美德，促进家庭和睦，促进亲人相亲相爱，促进下一代健康成长，促进老年人老有所养，使千千万万个家庭成为国家发展、民族进步、社会和谐的重要基点。"中华民族历来重视家风建设，注重以家风传承育人兴家。古往今来，家庭美德铭记在中国人的心灵中，融入中国人的血脉，是支撑中华民族生生不息、薪火相传的重要精神力量。

拓展活动

活动项目：演讲

演讲比赛：以"立家规，传家训，树家风"为主题。

活动准备：

1. 准备场地：学校多媒体会堂。

2. 确定人员：包括参赛选手、主持人、计时员、记分员。

3. 制订评分标准。

活动流程：

1. 参赛人员入场。

2. 宣布演讲比赛评分标准。

3. 发放评分表。

4. 开始比赛。

5. 教师归纳总结。

活动评价：

序号	评价指标	评价要求	效果评价（是/否）
1	自我评价	1. 积极搜集资料，灵活运用资料 2. 观点鲜明、语言流畅、普通话标准	
2	同学评价	演讲的事例典型，能与其他学生产生共鸣	
3	教师评价	精神饱满、积极主动，有感染力	

活动反思：

1. 你在这次活动中遇到了哪些问题，是如何解决的？

2. 你对在本次活动中自己的表现感到：

非常满意 ☐　　一般满意 ☐　　不满意 ☐

第四节　姓氏

学习目标

· 了解姓氏的含义。

· 了解姓氏的起源。

· 传承中华姓氏文化。

经典导入

《左传·隐公八年》记述："天子建德，因生以赐姓。"这表明"姓"的本意是"生"，因此人们普遍认为，"姓"最初是代表有共同血缘关系的种族称号，简称族号。作为族号，它不是个别人或个别家庭的称号，而是整个氏族部落的称号。

姓氏源流，是指同族中姓的来源与变迁，是家谱中重要的内容之一。

（知识探究图标） **知识探究** --

姓氏是一个人家族血缘关系的标志和符号。姓氏是姓与氏的合称。《通鉴外纪》说："姓者，统其祖考之所自出；氏者，别其子孙之所自分。"姓最早起源于母系氏族部落的名称，姓是一种部落与部落之间交流的信息符号；氏是姓的分支，氏的出现较晚，起源于新石器时代父系氏族社会时期，是古代宗族的称号。秦汉之后，姓、氏逐渐合一，统称为姓氏。

一、姓的含义

杨希枚在《姓字古义析证》中认为"姓"字古义有三：其一，子或子嗣；其二，族或族属；其三，民或属民。朱凤瀚在《商周家族形态研究》中说，"姓"字在先秦时代的含义有四种。

第一，本义是女子所生的子女。《说文解字》："姓，人所生也。古之神圣母，感天而生子，故称天子，从女从生，生亦声。《春秋传》曰：'天子因生以赐姓。'"所谓"人所生也"，即母所生之子女，生子女而有姓，《左传》所谓："问其姓，对曰：'余子长矣'。"《礼记·丧大记》："卿大夫、父兄、子姓立于东方。"例中之"姓"皆属此种本义。

第二，"姓"即子女，所以广其义，姓可作族属、族人解，也可以进一步理解为泛称的"族"的意思，如殷墟卜辞中之"多生"、西周春秋金文中之"百生"。在卜辞中，"多生"是指占卜主体（王）的亲族。西周金文中的"百生"，从铭文内容看，可以用来称本族族人，也可以泛指没有亲族关系的其他族的族人。

第三，"姓"本义既为女子所生子嗣，则同一女子所生子嗣组成的亲族也可以称为"姓"，以表示其同出于一个女性始祖的这种特殊的亲属关系。这是"姓"的另一引申义。此种亲族组织认女性始祖为宗，正如许多学者所推想的，这种组织最初必形成于母系氏族社会中，即夫从妻居，子女属于母族，世系以母方计。对于这种具有血缘关系的亲属组织的名称，杨希枚先生主张称之为"姓族"。典籍所记姬姓、姜姓，最初应皆属母系姓族，姬、姜则是此种母系姓族之名号，从而可以推断在母系氏族社会中妇女的地位很高。进入父系氏族社会后，妻从夫居，子女不再属母族而归于父族，世系以父方计。现在所见姓族名号如姬、姜、姒、妫等皆带女字旁，表明其本原与母系姓族有关。父系姓族所以沿用之，则当是因为在母系向父系转变之初，子女虽已属父族，但仍以其母之姓族名号为族名，后延续作为父系姓族的名号，同于传说的黄帝诸子异姓之例。在商代、周代这一历史阶段，诸父系姓族实皆已分化为若干独立的、以宗族形态存立的分支（即卜文所谓氏）。

第四，《国语·周语》言"赐姓曰姜"之"姓"，即应理解为所赐姓族之名号即姜。司马迁在《史记》中常言姓某氏，没能区别古代姓与氏之不同，但他所说的"姓"的意思即是指姓族之名号。

二、氏的含义

"氏"字最初的本义已难知晓。《说文解字》以巴蜀方言训解之，当非其本义。此字在殷墟甲骨刻辞中仅一见，刻辞残破，含义也不明。西周文字中"氏"字已较常见，其字义与东周文献中"氏"的含义有相同之处，其主要用法有六种。

第一，指称个人。如可以接在官名后，作官称，像师氏、尹氏等。《左传·昭公》讲少昊氏诸鸟官名，也是鸟名加氏为称。接在爵位后表示尊称，如"侯氏"。接在字或亲属称后表示一种较亲近的称谓，如伯氏、叔氏、舅氏。接在姓后，指属于该姓族的女子，如姜氏、姞氏、任氏。接在作为家族组织讲的"氏"之名号后，指称属于该家族的个人，如叔孙氏、雍氏、庄氏。除以上用法外，东周典籍中称上古传说中的帝王、部落首领也在其名后加氏为称，如黄帝氏、少昊氏、共工氏。

第二，与表示姓族之"姓"义同，如《左传·昭公》："姜氏、任氏实守其地。"

第三，指一些上古的部族，《国语·周语》："皇天嘉之，祚以天下，赐姓曰姒，氏曰有夏……祚四岳国，命以侯伯，赐姓曰姜，氏曰有吕。"除此所谓有夏氏、有吕氏外，《左传·襄公》的所谓陶唐氏、御龙氏、豕韦氏、唐杜氏等，《史记·五帝本纪》中所述诸上古国族，均未必是单纯的血缘组织。刘师培《释氏》论及此种氏："是氏即所居之土，无土则无氏。"其实质乃是一种非单纯血缘关系的政治区域性集团。

第四，指一种家族组织。如《左传·昭公》叔向曰："肸之宗十一族，唯羊舌氏在而已。"可见羊舌氏即叔向所属宗族的十一支分族之一。《国语·晋语》："终灭羊舌氏之宗者，必是子也。"《左传·昭公》："子皮之族饮酒无度，故马师氏与子皮氏有恶。"子皮氏即子皮之族。《左传·襄公》："初，子驷与尉止有争……子驷为田洫，司氏、堵氏、侯氏、子师氏皆丧田焉。故五族聚群不逞之人，因公子之徒以作乱。"这五氏亦即五族。《左传·哀公》中宋皇氏、灵氏、乐氏又称"三族"。《国语·晋语》："智果别族于太史，为辅氏。"辅氏即从智氏中所分立出来的，智果本人之近亲家族。以上文字可说明氏即族。实际上《左传》《国语》中凡列国卿大夫家族多称"某氏"，如鲁桓公之后的"孟氏""叔孙氏""季氏"，齐国的"崔氏""田氏"，郑穆公之遗族"穆氏"，皆属于氏的此种用法，显然不同于上述那种非单纯血缘关系的政治区域性集团之氏。氏指称家族之氏已经见于西周金文，如散氏、虢季氏。春秋金文中所见厚氏、干氏、彪氏、京氏也是。

第五，"氏"可专指族氏这种血缘亲族组织之名号，也可以说"氏"只是一种标志。如《左传》中可见有"某氏之族"之称，如"游氏之族"，细析之，所谓"某氏"在这里实仅专指该族氏之名。又如《左传·隐公》："公命以字为展氏。"即命以"无骇"之字"展"为其氏名，称展氏。郑樵《通志·氏族略》列举了多种氏名来源，如"以官为氏""以地为氏"，此种"氏"均是指族氏之名号。

第六，在西周、春秋时期，作为贵族家族之"氏"，虽本身是血缘组织，但往往不是以单纯的血缘组织形式存在的，而是以一种政治、军事、经济共同体的形式存在的，这种共同体有时也可以"氏"相称。

三、姓与氏合二为一

秦汉以来，姓氏渐渐合而为一，姓即氏，氏即姓，姓氏或氏姓成了姓或氏的一种书面用语。而在不同场合，姓和氏的使用是有区别的。例如在社会人际交往中，不相识的人碰在一起，往往会礼节性地问："请问贵姓？"答曰："免贵姓（某）。"从未听说有：请问"贵氏"的。在家谱、族谱的题名上却是《某氏家谱》《某氏族谱》，也从未见过《某姓家谱》《某姓族谱》的。"氏"在远古时代是男子的标识符号，家谱、族谱是纪录某一姓氏男性家族成员的血缘关系的图册，所以家谱、族谱的题名用某氏。

中国姓氏文化历经了五千年的延续和发展。姓氏一直是代表中国传统宗族观念的主要外在表现形式，以一种血缘文化的特殊形式记录了中华民族的形成，使中华民族产生了强大的民族凝聚力。历史悠久的姓氏文化和传统独特的中国谱牒学，不但在社会科学中得到了发展，而且在生命科学中也得到了重视和应用，并已经形成了具有中国特色的跨学科研究领域——中国姓氏群体遗传学。该学科主要通过各种姓氏在不同人群中的分布，来探讨人群的遗传结构、不同群体间的亲缘关系等问题。

四、姓氏的来源

一般认为，姓氏有以下几种来源。

第一，以姓为姓氏。姓最初作为氏族公社时期氏族部落的标志符号而产生，这一部落的后人便直接承袭其姓为姓氏。母系氏族社会部落的族人以母亲的姓为姓氏，所以那时许多姓都是女字旁，如姬、姜、姒、姚等。

第二，以国名为姓氏。如春秋战国时期的诸侯国名：齐、鲁、晋、宋、郑、吴、越、秦、楚、卫、韩、赵、魏、燕、陈、蔡、曹、胡、许，皆成为常见姓氏。

第三，以邑名为姓氏。邑即采邑，是帝王及各诸侯国国君封给同姓或异姓卿大夫的封地。其后代或生活在这些采邑中的人有的便以之为姓氏。如周武王时封司寇忿生采邑于苏（今河北临漳），忿生后代便姓苏。据统计，以邑为氏的姓氏近 200 个，如尹、魏、韩。

第四，以乡亭之名为姓氏。这类情况不多，现在常见姓氏有裴、陆、阎、郝、欧阳等。

第五，以居住地为姓氏。传说上古时代虞舜出于姚墟，便以姚为姓氏。春秋时代齐国公族大夫分别住在东郭、南郭、西郭、北郭，便以东郭、南郭等为姓氏。郑大夫住在西门，便以西门为姓氏。鲁庄公子遂住鲁东门，称东门遂，是以东门为姓氏。这类姓氏中，复姓较多，一般带邱、门、乡、闾、里、野、官等字，表示不同环境的居住地点。

第六，以先人的字为姓氏。据统计这种姓有五六百个，其中复姓近 200 个。如周平王的庶子字林开，其后代以林姓传世。宋戴公之子充石，字皇父，其孙以祖父字为姓氏，汉代时改皇父为皇甫。

第七，以兄弟次第为姓氏。一家一族，按兄弟顺序排行取姓，如老大曰伯或孟，老二曰仲，老三曰叔，老四曰季等。后代相沿为氏，表示在宗族中的顺序。

第八，以官职为姓氏。古代有五官，即司徒、司马、司空、司士、司寇，他们的后代都以这些官职为姓。贵族及其子孙以其官名为姓氏。晋国的荀林父为步兵组织三行里中行的军帅，称中行桓子，其子荀偃称中行偃，以中行为姓氏；宋国执政卿乐喜（子罕）称司城子罕，其孙乐祁（子梁）称司城氏，是以司城为姓氏。一些以官职为姓的姓氏，单从字义上看，也可以分辨出来，如籍、谏、库、仓、军。

五、名和字

古人除了姓名，还有字。"名"又叫"本名"，据说是古代婴儿出生后三个月由其父亲所取（也有一说是出生后即可取名）；而"字"又叫"表字"，是除本名外另取一个与本名有所关联的名字，男子在二十岁行冠礼时取字，而女子则在十五岁行笄礼时取字。名，在夏朝之前已经有，而取字据说始于商朝，如推翻夏桀的商汤，原名履，又名天乙，字汤。

名与字是有关联的。有的是意义上的联系，有的是意义上的相辅，有的是意义上的相反。另外，古人的名和字往往取自古代典籍。

名字的类别从习俗沿革来看，名有乳名、学名、字、笔名、艺名、号等之分。

乳名，也叫奶名、小名、小字，是一个人在孩童时期的名字。如小二、小三、宝贝、宝宝。长大以后一般不用，除非长辈对晚辈偶尔呼之。

学名，就是一个人开始求学时使用的正式名字。

字产生于避讳，也就是尊崇长辈的伦理需要。古代人在祭祀神灵和先祖的时候，为了表示恭敬，不敢直接称呼先祖的名，这样就产生了字。因此，"字"实际上是表示尊敬的人名。

笔名，常常是文人墨客依据自己的喜好在其作品上署的别名。

艺名，即艺人演出时用的别名，既体现了不同年龄阶段的不同称谓，又象征着一个人的职业、地位和身份。

古人取名字，名与字之间是有一定意义上的联系的，二者互相映衬，互相补充。例如：屈原，屈为氏，原为字，平为名，平与原二字相连。孔融，融为名，意为融会贯通；文举为字，意为文章一举成名，文星高照。白居易，名为居易，字乐天，乐天与居易，相辅相成。

很多古人除了有姓有名有字，还有号。号是我国姓名文化中一个很有趣味的现象，如李白号青莲居士，杜甫号少陵野老，白居易号香山居士。字与号在清末以后，随着中国文化的变迁，很少再有人沿用，而逐渐被笔名、艺名、绰号等取代。

百家姓

知识链接

姓名趣话

文天祥，出生在吉州庐陵（今江西吉安）的一个书香门第之家。在他出生前夕，其祖父梦见孙儿腾云而上。故文天祥出生后，其祖父便为他取"云孙"二字作为小名，又据此取学名"天祥"，期望孙儿能够受上天保佑，成就一番事业。

徐悲鸿，原名徐寿康，因家境贫寒，常被人看不起，他感叹世态炎凉，不禁悲从中来，改名"悲鸿"，寓意鸿雁哀鸣，并从此发愤习画，终成一代宗师。

老舍原名舒庆春，上私塾时，给自己取字"舍予"，即把"舒"姓拆开。"舍予"又是舍我、放弃私心的意思，后来他便以"老舍"作为笔名。

拓展活动

活动项目：我的姓名我知道

活动准备：

1. 写有学生姓名的卡片、《百家姓》课件。

2. 以"姓"为单位进行分组，提前安排同学们查找有关个人姓氏的传说。

3. 让同学们了解自己名字的故事和含义，了解自己名字的与众不同之处。

活动流程：

1. 以小组为单位分享自己查到的有关自己姓氏的传说和故事。

2. 在小组内交流自己名字的由来。

活动评价：

序号	评价指标	评价要求	效果评价（是/否）
1	全面了解当地的姓氏文化概况	实事求是、科学严谨	
2	活动参与程度	积极参与	
3	活动体验	增强文化自信	

活动反思：

1. 通过这次活动，你最大的收获是什么？

2. 你对在这次活动中自己的表现感到：

非常满意 ☐　　一般满意 ☐　　不满意 ☐

第五节 礼仪

学习目标

· 了解中华文明礼仪的起源和发展。

· 理解礼仪的意义。

· 加强自身修养，改善人际关系，弘扬中华民族传统美德，树立提高国家文化软实力的意识，积极推动社会主义精神文明建设。

经典导入

《论语·学而》："有子曰：'礼之用，和为贵。'"可见，按照礼来处理事情，是为了使人与人之间的各种关系都能够恰到好处，使彼此能融洽、和谐。

议一议

礼仪是中华优秀传统文化的重要组成部分，折射出的是社会的文明和谐。

知识探究

礼仪是人类为维系社会正常生活而要求人们共同遵守的基本规范，是人们在长期共同生活和相互交往中逐渐形成，并且以风俗习惯等方式固定下来的一种交往方式。礼仪是一个人思想道德水平、文化修养、交际能力的外在表现，是一个国家社会文明程度、道德风尚和生活习惯的体现。

礼仪就是礼节和仪式。"礼"字和"仪"字指的都是尊敬人的方式。"礼"，多指对个人的仪容、仪表、言谈举止等方面约定俗成的行为规范；"仪"，则多指集体性的行为规范，如开幕仪式、闭幕仪式、欢迎仪式、签字仪式、捐赠仪式、揭牌仪式。礼仪是人们约定俗成、表示尊重的各种方式。这里的方式分行动型和非行动型，比如，给老人让座就是一种行动型的尊老的方式。又如，庄严场合不嬉笑、别人睡觉不吵闹，就是非行动型的行为规范，它不需要行动就有效果。

《周礼·春官·肆师》："凡国之大事，治其礼仪，以佐宗伯。"《春秋左传正义》云："中国有礼仪之大，故称夏；有服章之美，谓之华。"古人云："礼者，敬人也"。礼仪是一种待人接物的行为规范，也是交往的艺术。它是人们在社会交往中受历史传统、风俗习惯、宗教信仰、时代潮流等因素影响而形成的行为规范，既为人们所认同，又为人们所遵守，是以建立和谐关系为目的的各种符合交往要求的行为准则和规范的总和。

一、礼仪的起源

礼仪作为人际交往的重要行为规范，它不是凭空臆造的，也不是可有可无的。了解礼仪的起源，有利于人们认识礼仪的本质，自觉地按照礼仪规范进行社交活动。关于礼仪的起源，大致有以下几种说法。

（1）礼仪起源于原始社会的祭祀。"礼"字与古代祭祀神灵的仪式有关。古时祭祀活动不是随意地进行的，而是严格地按照一定的程序，一定的方式进行的。例如，在今西安半坡遗址的公共墓地中，死者的埋葬坑位排列有序，身份有别，有带殉葬品的仰身葬，还有无殉葬品的俯身葬等。

（2）礼仪起源于风俗习惯。人们在长期的交往活动中，渐渐地形成了一些约定俗成的习惯，久而久之这些习惯成为人与人交往的规范，当这些交往习惯被人们自觉地遵守后，就逐渐成为人们在交往中共同遵守的礼仪。遵守礼仪，不仅使人们的社会交往活动变得有序，有章可循，同时也能使人在与人的交往中更具有亲和力。

（3）礼仪是为表达自身感情而存在的。在没有礼仪的时代，人们祭祀天地的行为简单粗糙，难以表达心中的敬畏，因此后来才出现了礼仪。礼仪如同语言一般，是因为需要才产生的。存有敬意地施礼才是真正的礼仪。

从礼仪的起源可以看出，礼仪是在人们的社会活动中，为了维护稳定的秩序和保持交际的和谐应运而生的。一直到今天，礼仪依然潜移默化地影响着人们的思想与行为方式，影响着社会的文明与发展。

二、礼仪的种类

"礼仪"在商周时期形成了一套有着具体规定的制度。这里要说的是周礼，周礼对以后的封建社会产生了深远影响。

"三礼"，即"天、地、家庙之礼"；"五礼"，即"吉礼、凶礼、宾礼、军礼、嘉礼"；"六礼"，即"冠礼、婚礼、丧礼、祭礼、乡饮酒礼、相见礼"；"八礼"，即"冠礼、婚礼、丧礼、祭礼、朝礼、聘礼、射礼、乡礼"；"九礼"，即"冠礼、婚礼、朝礼、聘礼、丧礼、祭礼、宾主礼、乡饮酒礼、军旅礼"。

中国古代的"五礼"，祭祀之事为吉礼，丧葬之事为凶礼，军旅之事为军礼，宾客之事为宾礼，冠婚之事为嘉礼。五礼的内容相当广泛，从反映人与天、地、鬼神关系的祭祀之礼，到体现人际关系的家族、亲友、君臣之间的交际之礼；从表现人生历程的冠、婚、丧、葬诸礼，到人与人之间在喜庆、灾祸、丧葬时表示的庆祝、凭吊、慰问、抚恤之礼，充分反映了古代中华民族的尚礼精神，其中许多内容延续至今。

吉礼居五礼之首，它主要是对天神、地神、人鬼的祭祀典礼。其主要内容包括三个方面：第一是祭天神，即祀昊天上帝，祀日月星辰，祀司中、司命、风师、雨师等；第二是祭地神，即祭社稷、五帝、五岳，祭山林川泽，祭四方百物等；第三是祭人鬼，主要为春夏秋冬享祭先王、先祖。这充分反映了古代社会最基本的天、地、人之间的和谐。

凶礼是哀悯、吊唁、忧患之礼。它的主要内容有：以丧礼哀死亡，以荒礼哀凶札，以吊礼哀祸灾，以禬礼哀围败，以恤礼哀寇乱。其中，丧礼是对人死亡后，通过规定时间的服丧过程来表达不同程度的悲伤的礼节；荒礼是对某一地区或某一国家受到饥馑疫病的不幸遭遇，国君与群臣都采取减膳、停止娱乐等措施来表示同情的礼节；吊礼是对死者进行吊唁、对死者家属进行慰问的一种礼节；禬礼是同盟国中某国被敌国侵犯，城乡残破，盟主国应会合诸国，筹集财货，偿其所失的礼节；恤礼是某国遭受外侮或内乱，其邻国表示给予援助和支持的礼节。

宾礼是接待宾客之礼。它主要包括朝、宗、觐、遇、会、同、问、视八项。《周礼·春官·大宗伯》记载："以宾礼亲邦国：春见曰朝，夏见曰宗，秋见曰觐，冬见曰遇，时见曰会，殷见曰同，时聘曰问，殷覜曰视。"

军礼是师旅操演、征伐之礼。军礼主要有大师之礼、大均之礼、大田之礼、大役之礼、大封之礼。大师之礼是军队征伐的礼仪；大均之礼是王者和诸侯在均土地、征赋税时举行军事检阅的礼仪，以安抚民众；大田之礼是天子的定期狩猎的礼仪，以练习战阵，检阅军马；大役之礼是国家兴办的筑城邑、建宫殿、开河、造堤等大规模土木工程时的队伍检阅的礼仪；大封之礼是勘定国与国、私家封地与封地间的疆界，树立界碑时的一种礼仪。

嘉礼是人与人之间沟通、交流、联络感情的礼仪。嘉礼主要包括飨燕之礼、饮食之礼、昏冠之礼、宾射之礼（后衍生出"投壶之礼"）、脤膰之礼、贺庆之礼六种。

三、礼仪的表现

中国自古就是礼仪之邦，几千年来创造了灿烂的礼仪文化，形成了高尚的道德准则、完整的礼仪规范。礼仪文明作为中国传统文化的一个重要组成部分，对中国的社会发展影响广泛且深远。礼仪所涉及的范围十分广泛，几乎渗透到古代社会的各个方面。时至今日，我们依然要发扬尊老敬贤、仪态适宜、礼貌待人、仪表规范等文明礼仪，这对于培养良好的个人素质、协调和谐的人际关系、塑造文明的社会风气、加强社会主义精神文明建设，具有深远的意义。

（一）尊老敬贤

我国自原始社会到封建社会，人际的政治伦理关系均以氏族、家庭的血缘关系为纽带，故在家庭里面遵从长辈、在社会上尊敬前辈已成为人们的习惯。由于中国古代社会推崇礼治和仁政，敬贤已成为一种历史的要求。《孟子·告子下》说："养老尊贤，俊杰在位，则有庆。""庆"就是赏赐。这种礼仪，对于形成良好的人际关系和和谐有序的伦理关系起着重要作用。古代的尊老，并不是只停留在思想观念和说教上，也并不止于普通百姓的生活之中。从君主、士族到整个官绅阶层，都在身体力行，并且形成一套敬老的规矩和礼法。《礼记·祭义》记载："古之道，五十不为甸徒，颁禽隆诸长者。"就是说，五十岁以上的老人不必亲往打猎，在分配猎物时要得到优厚的一份。一些古籍，对于同长者说话时的声量，也作了明确的要求。如《养蒙便读·言语》中说："侍于亲长，声容易肃，勿因琐事，大声呼叱。"《弟子规》中又说："低不闻，却非宜。"总之，上至君王贵族，下到庶人百姓，都要遵循一定的规矩，用各种方式表达对老者、长者的尊敬之意，这也是衡量一个人修养的重要标志。

（二）仪态适宜

中华民族素来注重通过合适的形式，表达人们内心丰富的情感。遇到重大节日和发生重要事情，多有约定俗成的仪式。如获得丰收，要欢歌庆贺；遭到灾祸，祈求神灵保佑。久而久之，就形成许多节庆的礼仪形式，如春节、元宵、中秋、重阳。几乎每个节日都有特定的礼俗。在古代，婚丧和节庆等活动是作为社会生活中的大事来对待的，其礼仪从服饰、器皿到规格、程序和举止都有着严格的规定。

（三）礼貌待人

礼貌待人是保持人际交往友好和谐的道德规范之一，是与他人和睦相处的桥梁，它标志着一个社会的文明程度，反映着一个民族的精神面貌。中华民族历来就非常重视遵守礼规、礼貌待人。具体说来，主要有以下两点。

（1）与人为善。与人相处，为善当先。而这个"善"，应是出自内心的诚意，是诚于中而形于外，而不是巧言令色和徒具形式的繁文缛节。《礼记·曲礼上》说："夫礼者，自卑而尊人。"如果表面上恭敬热情，而内心冷漠，或是仅仅内心尊敬，而毫无表情，都是不够的。应该表里一致，才能从根本上消除人与人之间的隔阂、摩擦，进而互敬互爱、友好相处。尊重他人，就要平等待人。孔子说的"己所不欲，勿施于人"，就是这个意思。

（2）礼尚往来。礼尚往来，是礼貌待人的一条重要准则，意思是接受别人的好意，必须报以同样的礼敬。这样，人际交往才能平等友好地在一种良性循环中持续下去。《礼记》说："往而不来，非礼也；来而不往，亦非礼也。"

（四）仪表规范

一个人的仪态、仪表，是其修养、文明程度的体现。古人认为，举止庄重、进退有礼、执事谨敬、文质彬彬，不仅能够保持个人的尊严，还有助于进德修业。仪表规范主要表现在以下几个方面。

（1）衣着容貌。《弟子规》要求："冠必正，纽必结，袜与履，俱紧切。"这些规范，对现代人来说，仍是必要的。如果一个人衣冠不整、鞋袜不正、往往会使人产生反感，有谁会亲近这样的人呢？当然，衣着打扮，必须适合自己的职业、年龄、生理特征、相处的环境和交往对象的生活习俗。浓妆艳抹、矫揉造作，只会适得其反。

（2）行为举止。《论语》中说："君子不重则不威，学则不固。"这是因为，只有庄重才有威严。否则，所学也不牢固。具体说来，要求做到"站如松，坐如钟，行如风，卧如弓"。

（3）言语辞令。语言是人们思想、情操和文化修养的一面镜子。古人说"修辞立其诚，所以居业也"。这里将注重文化教养和诚恳的表达看成立业的根基。同时，人们还要做到《论语》中的"言必信，行必果"，巧言令色的人，是不可能取信于人的。古人提倡慎言，这并不是要求人们不说话，而是要求说话要视具体情况而定，当说则说，当默则默。孔子说："可与言而不与之言，失人。不可与言而与之言，失言。知者不失人，亦不失言。"

四、古代礼仪示例

（一）家庭礼仪

中国古代传统家庭礼仪是指在家庭内部以父母、子女之间的血缘及亲情关系为基础的家庭礼仪规范。传统家庭礼仪源于《周礼》，经《孔子家语》《颜氏家训》得到发展，到朱熹的《朱子家礼》而基本定型。至此华夏大地上的每个家庭都能闻礼、讲礼，中国"礼仪之邦"的称号开始广泛得到认可。

1. 父子之礼

中国古代以男性长者为尊，可以说父子之礼是维系家庭和谐的最基本的礼节。父子之礼包括两个层面：一是父母对子女要慈爱、严教；二是子女长大后，对父母要孝顺。

孟子说"幼吾幼，以及人之幼"，意思是父母关爱亲生子女是天经地义的，要把爱自己子女的心推广开来，爱天下所有的孩子。民间常用"十指连心"来比喻关爱孩子之情。

在传统社会中，家教历来都是被家族、家庭所重视的，俗称"严于家教"。《三字经》云"养不教，父之过"。《颜氏家训》中《教子》篇主张"父子之严，不可以狎；骨肉之爱，不可以简。简则慈孝不接，狎则怠慢生焉"，这句话说的就是父亲要严教子女。古人教育子女的内容很多，从日常起居、行为举止到琴棋书画，还有各种技艺都会涉及。诸如仁、义、礼、智、信、忠、孝、悌、恕等一系列伦理道德规范和与之相应的行为礼节。

子女长大后，孝顺父母的礼节有哪些呢？子女对父母或长辈说话时要体态端正，不可歪身侧头听父母说话，更不能跷着二郎腿听父母说话。子女说话不能粗声恶气，更不能指手画脚，须语调和缓，轻言慢语。父母在家，子女外出时必须告知父母，外出回来后也要告知父母，以免父母牵挂。对于父母交办的事情要用心记下，认真办理好。

此外，家礼也要求父母或长辈自尊、自珍、自重，不能倚老卖老。

2. 婆媳之礼

婆媳之礼，是婆媳之间的关系准则和行为规范。儿媳妇嫁到婆家之后，要向公公婆婆请安问好。儿媳妇在婆家要勤劳，对公婆体贴周到，对公婆要像对自己的父母一样有礼节。反过来，公婆也要像对待自己的儿女一样对待儿媳妇，做到包容、慈爱，帮助媳妇维持家庭和睦。婆媳之间建立互相理解与宽容的礼节对话平台，是婆媳和睦相处的基石。

3. 夫妻之礼

《礼记·昏义》说："昏礼者礼之本也。"这就说明了男女结婚成为夫妻关系，是组成一个家庭的先决条件。而后两人才会生育子女，使夫妻关系充实、稳固。习惯上，人们把结婚的仪式称为婚礼，把婚后夫妻相处应遵循的行为规范称为夫妻之礼。古人对夫妻关系的最高评价是相敬如宾。相敬如宾一词出自《左传》。《左传·僖公三十三年》："臼季使，过冀，见冀缺耨，其妻饁之，敬，相待如宾。"《后汉书·庞公传》中说："居岘山之南，未尝入城府，夫妻相敬如宾。"后来，人们便用"相敬如宾"来形容夫妻相互尊敬、相处和谐。

夫妻关系是家庭的核心，只有夫妻关系和谐、牢固了，家庭才会稳如磐石。当然，夫妻和睦并不意味着完全消除了分歧和矛盾。在夫妻关系中，出现分歧和矛盾是不可避免的，关键在于如何去面对和处理这些分歧和矛盾。良好的夫妻关系，会使夫妻双方在分歧中寻求共识，在矛盾中寻求和解，使夫妻关系在磨合中不断成长和进步。和谐的夫妻关系，是构建和谐家庭的前提与条件，更是构建和谐社会的基础，对于弘扬中华传统美德，加强家庭家教家风建设，提高全社会文明程度具有重要意义。古人对于这种理想夫妻关系的认识对于身处现代社会的我们来说是有重要的启发的。

（二）亲属礼仪

"亲属"指因婚姻、血缘与收养而产生的人们之间的关系，分为血亲和姻亲。"亲属"一词，古已有之。《礼记·大传》载："亲者，属也。"汉代刘熙在《释名·释亲属》中说："亲，衬也，言相隐衬也。""属，续也，恩相连续也。"这些解释虽然没有揭示亲属的社会属性，但都说明了亲属之间具有相衬相续的密切关系。

出自同一祖先，有着血缘关系的人，称为"血亲"。比如，自己的爷爷奶奶有三个儿子和一个女儿，分别是大伯、爸爸、叔叔和姑姑。大伯、叔叔、姑姑也有自己的孩子，那么这些人和自己有着血缘关系，就是血亲。而伯母（大伯的妻子）、婶婶（叔叔的妻子）和姑父（姑姑的丈夫）是通过婚姻和自己的大伯、叔叔、姑姑结为夫妻，他们同样是亲属，这种关系叫"姻亲"。自己通过伯母、婶婶和姑父认识他们家的人，这些人也属于自己的姻亲。伯母、婶婶和姑父之间也是姻亲。

血亲中，又可分为直系和旁系。直系是一脉相承下来的人，比如爷爷奶奶、爸爸妈妈、自己、子女、孙辈，是直系亲属。伯伯、叔叔、姑姑、舅舅、姨妈，及他们的子女，对自己而言，都是旁系亲属。

1. 直系亲属称谓

（1）父系。

① 高祖—曾祖—祖—父亲。

② 高祖母—曾祖母—祖母—父亲。

（2）母系。

① 高外祖父—曾外祖父—外祖父—母亲。

② 高外祖母—曾外祖母—外祖母—母亲。

（3）晚辈。

① 儿子：夫妻间的第一代男孩。

② 女儿：夫妻间的第一代女孩。

③ 孙：夫妻间的第二代儿子。

2. 旁系亲属的称谓

（1）伯伯：父亲的兄长，也称伯父。

（2）伯母：伯父的妻子。

（3）叔叔：父亲的弟弟。

（4）婶婶：叔叔的妻子。

（5）姑姑：父亲的姐妹，也称姑母、姑妈。

（6）姑父：姑姑的丈夫，也称姑爹。

（7）舅舅：母亲的哥哥和弟弟。

（8）舅母：舅舅的妻子，也称舅妈。

（9）姨母：母亲的姐妹，也称姨妈、姨娘。

（10）姨父：姨母的丈夫，也称姨爹。

（11）堂兄弟：伯伯、叔叔的儿子。

（12）堂姐妹：伯伯、叔叔的女儿。

（13）表兄弟：姑姑、舅舅、姨母的儿子。

（14）表姐妹：姑姑、舅舅、姨母的女儿。

（15）侄子：兄弟的儿子。

（16）侄女：兄弟的女儿。

（17）外甥：姐姐和妹妹的儿子。

（18）外甥女：姐姐和妹妹的女儿。

3. 其他亲属称谓

（1）丈夫：女士对和自己有婚姻关系男子的称呼。

（2）妻子：男士对和自己有婚姻关系女子的称呼。

（3）公公：丈夫的父亲。

（4）婆婆：丈夫的母亲。

（5）岳父：妻子的父亲，又称丈人。

（6）岳母：妻子的母亲，又称丈母娘。

（7）儿媳：对儿子妻子的称呼，又称儿媳妇。

（8）女婿：对女儿丈夫的称呼，又称姑爷。

（9）嫂：对兄长妻子的称呼。

（10）弟媳：对弟弟妻子的称呼。

（11）姐夫：对姐姐丈夫的称呼。

（12）妹夫：对妹妹丈夫的称呼。

（13）妯娌：兄弟的妻子间互相的称呼。

（14）大伯子：对丈夫的哥哥的称呼。

（15）小叔子：对丈夫的弟弟的称呼。

（16）大姑子：对丈夫的姐姐的称呼。

（17）小姑子：对丈夫的妹妹的称呼。

（18）舅子：对妻子的兄弟的称呼，分为内兄、内弟。

（19）姨子：对妻子的姐妹的称呼，分为姨姐、姨妹。

（三）社交礼仪

社交礼仪是指人们在社会交往中所形成并遵循的一种礼仪。社交礼仪在当今社会生活中越来越重要。

1. 见面礼

古人在探望或拜访长辈、亲朋好友时特别讲究行此礼节。此礼也叫"执挚""执贽"，例如《仪礼·士相见》："士相见之礼：挚，冬用雉，夏用脯。"见面礼主要包括揖、拱、拜、顿首、稽首等。

（1）揖，即拱手行礼，是古代宾主相见时最常见的礼节，是古代不分尊卑的相见礼。作揖时，两手抱拳拇指相扣，男的左手在前，女的右手在前，拱手高举，屈身下拜。

（2）拱，是古代的一种相见礼，两手在胸前相合表示敬意，如"子路拱而立"（《论语》）。

（3）拜，拱手弯腰，两手在胸前合抱，头向前俯，额触两手。拜手，是古代的一种跪拜礼，行礼时，跪下，两手拱合着地，头靠在手上。

（4）顿首，即磕头，跪而以头叩地为顿首，故顿首又叫叩首。行礼时，头触地即起，是一种比较庄重的，用于晚辈对长辈、下级对上级的礼节。

（5）稽首，指行礼时，头在地面上停留一段时间的跪拜礼，常为古时候臣子拜见君王的隆重礼节。

2. 拜访礼

拜访礼，又称拜见礼，一般用于年幼者拜见年长者、下级拜见上级，在日常拜访中，要遵守以下礼节。

（1）事先预约。古代士大夫阶层在登门拜访时要先投名刺，即名帖。古人把自己的姓名、籍贯、官爵和要说的事项刺在小竹片上，后来写在纸上，叫"刺"或"谒"。唐宋以后，名刺的使用相当盛行。

（2）守时遵约。约定了会面的具体时间，应守时遵约，如期而至，不宜早到，也不应迟到，准时到达最为得体。

（3）衣冠整洁。为了表示对主人的敬重，拜访主人时要仪表端庄、衣着整洁朴实。

（4）登门文雅。登门拜访时，言谈举止要文明礼貌。《礼记·曲礼上》就记录了许多登门拜访的规矩，如想进入屋内要高声探问，听到屋内有人回应方可进屋，没有听见人回应就要在门外等候；进门要目光下垂，不可东张西望；房门原先是开着的就仍开着，房门原先是关着的就应进门后关上；进行交谈时，应围绕主题交谈，态度要诚恳自然、和蔼可亲；不能随便翻动主人的书信和工艺品，不能擅入主人卧室。

（5）适时告辞。初次登门拜访主人时间不宜过长，拜访目的达到后，应适时告辞。出门后，应请主人就此留步。

3. 位次礼

（1）尚左尊东。古人在室内举行礼仪活动时，十分讲究宾主的座位次序。通常是面东背西为最尊之位，其次是面南背北之位，再次是面北背南之位，后次是面西背东之位。《史记·项羽本纪》中记载的"鸿门宴"的座次顺序是古人室内礼节性座次的真实写照："项王即日因留沛公与饮。项王、项伯东向坐，亚父南向坐。亚父者，范增也。沛公北向坐，张良西向侍。"由于项王是霸王，所以东向而坐；项伯是项羽的叔父，与项羽同坐东向；亚父范增是项羽的谋臣，地位仅次于项羽，所以在北面朝南而坐；刘邦虽是客人，但项羽却不把他放在眼里，所以让他朝北而坐；张良作为刘邦臣僚，地位更低，只能向西而坐。

魏晋以后，在中原地区，尊东之风逐渐式微，除隋唐东都洛阳"宫内正门正殿皆东向"，颇有古风之外，尊东之风在物质应用中极少见，唯在各项礼制中有一定保留而已。

（2）左尊右卑。在中国古代，是左尊还是右尊，并不是一成不变的，不同的时期存在着不同的规定。春秋战国之前，其座次以左为尊。秦汉时以右为尊，故皇亲贵族称为右戚，世家大族称为右族或右姓。东汉至隋唐、两宋时期，又形成了左尊右卑的制度。这时期，左丞相高于右丞相，左仆射高于右仆射。

（3）居中为上。中间的位置为上，两边为下。《红楼梦》第七十五回写中秋之夜赏月时："上面居中，贾母坐下，左垂首贾赦、贾珍、贾琏、贾蓉，右垂首贾政、宝玉、贾环、贾兰，团团围坐。"由于贾母是家中最年长的，自然居中而坐；贾赦作为长子其一房居左；贾政作为次子其一房居右。其他各自依辈分、年龄大小依次而坐。

随着社会的发展，座次排列顺序已演变为：面门居中位置为主位；主左宾右两侧而坐。越近首席，位次越高；同等距离，右高左低。

4. 称谓礼

（1）谦称。

① 古人称自己一方的亲属时常用"家""舍"等谦称。如"家父""家母"，

又如"舍弟""舍妹"。

② 普通人自称：愚、敝、卑、臣、仆、予、余、妾、奴；帝王自称：孤、寡人、朕；官吏自称：下官、本官、小吏；读书人自称：小生、晚生、晚学、不才、不肖；老人自称：老朽、老夫。

（2）敬称。

① 对于对方或对方亲属的敬称有令、尊、贤等。

② 对品格高尚、智慧超群的人敬称"圣"，如称孔子为"圣人"。当然，这一称呼相对少见。

（3）特殊称谓。

① 百姓的称谓：常见的有布衣、黔首、黎民、生民、庶民、苍生等。

② 朋友关系的称谓。"贫贱之交"：贫贱而地位低下时结交的朋友；"金兰之交"：情谊契合、亲如兄弟的朋友；"刎颈之交"：同生死、共患难的朋友；"患难之交"：在遇到磨难时结成的朋友；"莫逆之交"：情投意合、友谊深厚的朋友；"竹马之交"：从小一块儿长大的异性好朋友；"忘年交"：辈分不同、年龄相差较大的朋友；"君子交"：在道义上彼此支持的朋友；"神交"：心意相投、相知很深的朋友。

③ 年龄的称谓。赤子，初生的婴儿；襁褓，婴幼儿；孩提，二至三岁的儿童；垂髫，三四岁到八九岁的儿童（髫，指古代儿童头上下垂的短发）；总角，八九岁至十三四岁的少年；豆蔻，十三四岁少女；及笄，十五岁女子；束发，十五岁男子；弱冠，二十岁男子；而立，三十岁；不惑，四十岁；知命，五十岁；花甲，六十岁；古稀，七十岁；耄耋，指八九十岁；期颐，一百岁。

（四）书札礼仪

1. 称谓语

称谓语是指对写信方和收信方的称谓，即谦称和敬称。古代书信中常用"台"字来表示尊敬，如兄台、台端；古代学生给老师写信，称老师是"夫子""山长"等；古人提及对方时，会用阁下、仁兄、先生等；提及自己时，会用在下、小弟、晚辈等；提及第三方时，常用"彼""渠"。

2. 提称语

常用于称谓语之后，古代常见的提称语有以下几种：同辈之间多用"足下"；子女致父母的信中用"膝下"；夫妻之间用"爱鉴"；学生给老师的信中常用"道席"。同时，书信中的提称语常用的还有：垂鉴、赐鉴、尊鉴、台鉴、勋鉴、道鉴、惠鉴、英鉴、雅鉴、慈鉴等。

3. 祝愿语

对父母用"叩请金安""恭喜福安"等；对长辈用"敬请福安""恭请崇

安""敬请颐安"等；对老师用"敬请教祺""敬请教安""敬颂诲安"等；对平辈、同学用"叩问近安""顺颂时祺""顺颂台安"等。

4. 署名敬语

古人在书信署名后，还要根据彼此关系写上敬语。如对长辈写"敬叩""拜上"；对平辈写上"鞠启""谨启""敬启""手书"；对晚辈写"字""白""示""谕"。

5. 感谢用语

古人表达感谢之意时，会在书信中说"诸荷优通，再表谢忱""高谊厚爱，铭感不已""多劳费心，至纫公谊"等。

知识链接

今日美德

当今社会，"孝"作为一种道德力量，仍然是促进人际和谐、家庭和睦的重要力量，是精神文明建设的主要内容。我们对父母应存有恭谨感恩之心，对家庭、对社会应负有责任。唐代诗人孟郊的名句"谁言寸草心，报得三春晖"，流传千年，其中蕴含的人伦之情，使人感到温暖，历久弥新。

拓展活动

活动项目：礼仪技能大赛

以"知礼仪、懂礼仪、用礼仪"为主题。

活动准备：

1. 准备场地：学校多媒体会堂。

2. 确定分组人员：包括参赛选手、主持人、抽签员、记分员。

3. 制订评分标准。

活动流程：

1. 参赛人员入场，明确每队8人，4男4女。

2. 开始比赛。比赛分为个人赛和团体赛。

（1）个人赛：礼仪知识问答。

教师赛前准备一定数量的古代礼仪常识的题目。比赛时，由主持人对参赛者进行提问，参赛者进行抢答。答对一题得一分。得分最高者获胜。

（2）团队赛：礼仪情景剧表演。

各组自编、自导、自演礼仪情景剧，展现团队合作与礼仪应用。由教师及学生代表打分，评选出最优表演小组。

3. 宣布礼仪展示评分标准。

4. 发放评分表。

5. 开始比赛。

6. 教师归纳总结。

活动评价：

序号	评价指标	评价要求	效果评价（是 / 否）
1	自我评价	1. 积极准备，灵活展示 2. 动作协调到位	
2	同学评价	团结协作、集体感强	
3	教师评价	精神饱满、积极主动	

活动反思：

1. 你在这次活动中遇到了哪些问题，是如何解决的？

2. 你对在本次活动中自己的表现感到：

非常满意 ☐　　一般满意 ☐　　不满意 ☐

第三章 民食

第一节 食材

> **学习目标**
> · 了解食材的分类。
> · 了解不同时期有哪些不同食材。
> · 培养健康的饮食习惯，弘扬文明的饮食文化。

经典导入 --

　　司马迁在《史记·郦生陆贾列传》中记载："王者以民人为天，而民人以食为天。"意思是说，君王以老百姓为国家的根本，老百姓则以粮食为生活的根本。

知识探究 --

　　食材决定着饮食的内容和方式。随着人们生活水平的不断提高，粮食、蔬菜、水果、肉类等成为人们的主要食物来源。

　　据考古资料，在新石器时代，人们已经开始种植黍、稷、粟、粱、麦、豆、稻子等粮食作物。

　　先秦时期，野外生长着的野菜和野果，如荇、苕、菢、葵、藿，经过简单处理就成为人们食用的佳肴。动物性油脂（猪油、牛油、羊油、鸡油、鱼油等）和调味品（主要是肉酱和米醋）也日益增多，花椒、生姜、桂皮、小蒜运用普遍，菜肴做法和口味也有了新的变化，并且出现了简单的冷饮制品和蜜渍、油炸点心等。

秦汉时期，人们已开始种植韭、芥、葱、蒜、菠菜、萝卜、芜菁、枣、李、杏等植物。

隋唐、两宋时期，由于当时中原地区与西北少数民族交流频繁，许多西域的蔬菜和水果品种被引入中原，如蔬菜中的黄瓜、菠菜、扁豆、刀豆、苜蓿、芸薹、胡瓜、胡豆、胡蒜、胡荽；水果中的葡萄、扁桃、西瓜、安石榴；调味品中的胡椒等。这一时期，人们开始制作奶酪品、酿造葡萄酒，食品种类得到极大丰富。

元明清时期，原产于欧洲、美洲等地区的一些食材加入了我国的菜谱中，如辣椒、番茄、马铃薯、玉米、甘薯、花生、向日葵、苹果等。同时，淡水养殖方法也逐渐完善，为民众提供了大量的青鱼、草鱼、鲢鱼等鱼类食材。

各种食材

📖 **知识链接** 📖

"民以食为天"

一个民族的饮食结构，与其文化特征、性格气质都密不可分，也和这个民族的生存发展息息相关。随着社会的发展，我们的食物越来越趋向于产量大、营养价值高的种类，结构上也越来越青睐粗细搭配、主副食相宜的营养均衡的组合。

·····拓展活动·····

活动项目：美食赛

活动准备：

1. 分组：4个学生为一组，每组炒1个菜，明确组长。

2. 准备场地：学校中餐室。

3. 准备食材：食材购买、清洗、切配。

4. 制订评分标准。

活动流程：

1. 学生就位。

2. 具体操作。

3. 成品展示。

4. 教师归纳总结。

活动评价：

序号	评价指标	评价要求	效果评价（是／否）
1	自我评价	1. 熟悉流程 2. 火候、油温的掌握	
2	同学评价	3. 色泽、味道	
3	教师评价	4. 色、香、味、形俱佳	

活动反思：

1. 你在这次活动中遇到了哪些问题，是如何解决的？

2. 你对在本次活动中自己的表现感到：

非常满意 ☐　　一般满意 ☐　　不满意 ☐

第二节　餐具

学习目标

· 了解餐具的历史。

· 了解餐具的种类。

· 体会餐具体现出的文化传承。

▨▨ **经典导入** --

宋代黄庭坚《次韵伯氏戏赠韩正翁菊花开时家有美酒》诗云："茶瓯屡煮龙山白，酒椀希逢若下黄。"这句诗是说煮龙山白茶要用著名的茶瓯，酒碗难得遇到好酒，暗示了人生中美好事物的短暂和难得。

▨▨ **议一议** --

餐具是我们日常生活中必不可少的物品，它不仅有使用价值，还有美学价值。

▨▨ **知识探究** --

中华优秀传统文化博大精深，传承久远。中华民族是享有盛名的礼仪之邦，而古代中国以农立国，民以食为天，食以具为要，我国人民非常讲究餐桌礼仪，餐具文化就是其突出代表。

新石器时代的餐具有陶制的鼎、甑、鬲、釜、罐、钵、碗、盘、盆等。烹调方法包括火炙、石燔、汽蒸等。

夏商周时期，炊餐具革新，轻薄精巧的青铜食具登上了历史舞台。我国现已出土的商周青铜器中多为炊餐具。

春秋战国时期，在经济发达地区，铁质炊具开始出现。它较之青铜炊具更为先进，为油烹法的问世提供了条件。

秦汉魏六朝时期，炊餐具的突出变化是，锅釜由厚重趋向轻薄。战国以来，铁的开采和冶炼技术逐步推广，铁制工具应用到社会生活的各个方面。西汉实行盐铁专卖，说明盐与铁同国计民生关系密切。铁比铜价贱，耐烧，传热快，更便于烹饪，因此，铁制锅釜得以推广，如可供煎炒的小釜，多种用途的"五熟釜"，大口宽腹的铜器，以及"造饭少顷即熟"的"诸葛亮锅"（类似后来的行军灶，相传是诸葛亮发明的），深受好评。与此同时，人们还广泛地使用锋利轻巧的铁质刀具，改进了刀工刀法，使菜形日趋美观。

隋唐宋元时期，风姿特异的瓷质餐具逐步取代了陶质餐具、铜铁质餐具和漆面餐具。唐代有邢窑白瓷和越窑青瓷。宋代有定窑刻花、印花白瓷，官窑纹片青釉细瓷，钧窑黑釉白花斑瓷、海棠红瓷，以及独树一帜的汝窑瓷、耀州瓷等。宋代的高级酒楼，还习惯使用全套的银质餐具，而帝王之家和官宦富豪，喜用金玉餐具。元代式样新颖的釉里红瓷驰誉中原，釉下彩瓷和青花瓷名播江南。其中，青花瓷七百多年来一直被当作高级餐具使用。1949年后，国宴上使用的"建国瓷"，就是在它的基础上改进的。

餐具

知识链接

一次性餐具

吃饭关乎个人的健康，也关乎环境。使用餐具要讲究环保。社会生活节奏越来越快，一次性的餐具也越来越流行，但一次性餐具不环保，会污染环境。因此，生活中我们每个人应尽量避免使用一次性餐具。

拓展活动

活动项目：摆放餐具

活动准备：

1. 分组：2个学生为一组。

2. 场地准备：学校礼仪室。

3. 活动材料：各类餐具。

4. 制订评分标准。

活动步骤：

1. 摆放餐具：

（1）餐碟：从主位开始一次性定位摆放餐碟，餐碟边沿距桌边1.5厘米，每个餐碟间隔相等。

（2）汤碗、汤勺、味碟：汤碗摆放在餐碟左上方1厘米处，汤勺放于汤碗中，勺把朝左，味碟摆放在餐碟右上方。汤碗分别与餐碟、味碟间相距

1厘米。

（3）筷架、筷子：筷架摆在餐碟右边，筷子放在筷架上，筷尾距桌沿1.5厘米。

（4）杯子：放在餐碟的正上方，红酒杯、白酒杯、水杯杯肚间隔1厘米。

（5）公用餐具：公用筷架摆放在主位和副主位水杯正上方，距水杯肚下沿切点3厘米，公勺、公筷置于公用筷架之上，勺柄、筷尾朝右。

2. 摆放规范：

（1）摆放餐具要轻拿轻放。

（2）餐具整洁卫生。

（3）餐具摆放位置正确、距离均匀。

3. 教师归纳总结。

活动评价：

序号	评价权重	评价要求	效果评价（是/否）
1	自我评价	筷、碟、勺、碗摆放距离适度、方位正确	
2	同学评价	熟悉步骤、动作规范	
3	教师评价	摆放的合理性、对称性	

活动反思：

1. 你在这次活动中遇到了哪些问题，是如何解决的？

2. 你对在本次活动中自己的表现感到：

非常满意 ☐　　一般满意 ☐　　不满意 ☐

第三节　美食

学习目标

· 了解我国各地区的特色美食。

· 做到珍惜粮食。

▩▩▩ 经典导入 ---

悯　农

唐·李绅

锄禾日当午，汗滴禾下土。

谁知盘中餐，粒粒皆辛苦。

▩▩▩ 知识探究 ---

食物，是人类生存和发展的首要物质基础。人类的饮食史是人类适应自然、改造自然，以求得生存、发展的历史。饮食在人类的历史进程中形成了一种文化。在世界上，中国美食占据着重要的地位。

一、四方美食

吃在中国，神州大地的菜品千姿百态，各有不同。一般认为，我国的美食按口味和烹饪技法主要可分为八大菜系。

（一）鲁菜

"鲁"是山东省的简称，鲁菜即山东菜，是八大菜系之首。鲁菜系主要包括青岛在内以福山帮为代表的胶东派和包括德州、泰安在内的济南派两个流派。胶东派擅长爆、炸、扒、熘、蒸，口味偏于清淡，选料多为海鲜。济南派则以汤出名，辅以爆、炒、烧、炸，菜肴以清、鲜、脆、嫩见长。鲁菜的名菜主要有九转大肠、糖醋蒸河鲤鱼、德州扒鸡等。

德州扒鸡，又称"五香脱骨扒鸡"，早在乾隆年间，就被列为贡品送入宫廷，因此而闻名全国。德州扒鸡的制作技艺有宰杀鸡、整形、上色、炸制、煮鸡等工序，配有蜂蜜、料酒、香叶、八角、花椒等数十种香料，烹制而成。品尝时，骨肉可分离，颜色鲜艳，味道醇厚。德州扒鸡的制作技法现已列为国家级非物质文化遗产。

（二）苏菜

苏菜，又叫江苏菜，由淮扬、苏锡、徐海三大地方风味菜肴组成，以淮扬菜为主，注重刀工和火工，注重本味、突出主料、咸甜适中、口味平和、造型新颖、色调淡雅，多用炖、焖、煨、焐等技法。著名菜肴有清汤火方、鸭包鱼翅、水晶肴蹄、松鼠鳜鱼等。

松鼠鳜鱼，又名松鼠桂鱼。相传乾隆皇帝下江南，微服至苏州，在一家菜馆用膳。厨师将鳜鱼剔骨，在鱼肉上刻花纹，加调味料稍腌后，裹上蛋黄糊，浇上熬热的糖醋卤汁制作而成。这道菜形状似鼠，外脆里嫩、酸甜可口，乾隆皇帝吃后很满意，后扬名苏州。松鼠鳜鱼有色有香、有味有形，酷似一只俯首松鼠，不愧为苏州名菜。

（三）粤菜

粤菜由广州菜、潮汕菜、东江菜三地风味组成，用料庞杂，选料精细，善于变化，清而不淡、鲜而不俗、嫩而不生、油而不腻。烹调以炒、爆为主，兼有烩、煎、烤。著名菜肴有蚝油牛肉、烤乳猪、干煎大虾等。

烤乳猪是广州著名的特色菜，早在西周时此菜已被列为"八珍"之一。南北朝时，贾思勰《齐民要术》中记载："色同琥珀，又类真金，入口则消，状若凌雪，含浆膏润，特异凡常也。"实令世人赞叹不已。

烤乳猪经过选料、整理、腌制、定型、烫皮、调脆皮糖浆、上脆皮糖浆、烤制等工序，色泽红润、皮酥肉嫩、肥而不腻、入口奇香，深受人们青睐。

（四）川菜

川菜，是一个历史悠久的菜系，其烹调方法多样，调味品主要有"三椒"（花椒、胡椒、辣椒）、"三香"（葱、蒜、姜）和豆瓣酱。川菜有"七滋八味"的说法，"七滋"主要是甜、酸、麻、辣、苦、香、咸，"八味"主要是鱼香、酸辣、椒麻、怪味、麻辣、红油、姜汁、家常。名菜有灯影牛肉、夫妻肺片、毛肚火锅、麻婆豆腐等。

麻婆豆腐的特色是以烧法烹饪，在雪白细嫩的豆腐上点缀着棕红色的牛肉末和油绿的青蒜苗，外围一圈透亮的红油，如玉镶琥珀，色泽淡黄，豆腐软嫩而有光泽，其味麻、辣、酥、香、嫩、鲜、烫，趁热吃滋味更佳。在数九寒冬季节食用，更是取暖解寒的美味佳肴。四川的麻婆豆腐已有一百年的历史，凡到四川的游客莫不以尝之为快事。麻婆豆腐声名远扬，不仅流传全国，还传至日本、新加坡等地，现已成为风靡世界的川菜名肴。

（五）浙菜

浙菜最大的特色是"南料北烹"。浙菜与众不同之处在于因时因地而食。杭州烹调以爆、炒、烩、炸为主，清鲜爽脆；宁波烹调则以蒸、红烧、炖制海鲜见长，讲究原汁原味。主要名菜有西湖醋鱼、东坡肉、叫花鸡、龙井虾仁等。

东坡肉。元丰三年，苏轼被贬到黄州任团练副使，在此期间，他自己开荒种地，并亲自动手烹制红烧肉。元祐四年，苏轼回到阔别15年的杭州任知州。元祐五年五六月间，浙西一带大雨不止，苏轼组织民工疏浚西湖，筑堤建桥，使西湖旧貌变新颜。杭州的老百姓很感谢苏轼，人人都夸他是个贤明的父母官。听说他在徐州、黄州时最喜欢吃猪肉，于是到过年的时候，大家就抬猪肉担酒来给他拜年。苏轼收到后，便指点家人将肉切成方块，烧得红红的，与酒一起分送给参加疏浚西湖的民工们吃。大家吃后无不称奇，就把他送来的肉亲切地称为"东坡肉"。其因味道鲜美，做法别致，一直流传至今。

（六）闽菜

闽菜以福州菜为代表，以善于烹制山珍海味而著称，在兼顾色、香、味、形的基础上，其选料精细，刀工严谨，讲究火候，有"福州菜飘香四海，食文化千古流传"之称。著名菜肴有佛跳墙、醉糟鸡、荔枝鱼肉等。

佛跳墙又名福寿全，是福建省福州市的一道特色名菜。传说，清朝道光年间，福州官钱局的官员宴请福建布政使周莲。席间有道叫"福寿全"的菜，周莲吃后赞不绝口。回家后即命厨师郑春发仿做此菜，并要求在原食材的基础上减少肉类用量，增加海鲜用量，使此菜更加鲜美可口。后来，郑春发到福州东街上开了一家"三友斋"菜馆。文人们品尝这道"福寿全"后纷纷叫好。有人即席赋诗曰："坛启荤香飘四邻，佛闻弃禅跳墙来。"从此，这道菜就被叫作"佛跳墙"，广为流传。

佛跳墙的制作食材，主料常用鲍鱼、海参、鱼翅、河虾、火腿、猪蹄筋、皮胶、花菇、鹌鹑蛋等；配料常用葱段、姜片、桂皮、冬笋、绍酒、猪骨汤等。主料和配料放在一起慢火煨制而成。成菜后，食材软嫩柔润，味中富有奇香。

（七）湘菜

湘菜，又叫湖南菜，是我国历史悠久的八大菜系之一，以湘江流域、洞庭湖区、湘西山区三种地方风味为主。湘菜制作精细、用料广泛、口味多变；色泽上油重色浓；品味上注重香辣、麻辣、咸辣、酢辣、鲜辣等；制法上以煨、炖、蒸、炒等见称。名菜主要有东安仔鸡、剁椒鱼头、腊味合蒸、油辣冬笋尖等。

剁椒鱼头，是湖南的传统名菜。传说，清代雍正年间，有一个反清文人为躲避文字狱而出逃，借住在一户贫苦的农户家里。农夫将鱼头与剁碎的辣椒同蒸，此人吃后，认为其鲜美无比，无法忘怀。他事平回家后，便让家厨将这道菜加以改良，于是便有了"剁椒鱼头"这道菜，并成为湘菜的代表。

此菜为鱼头、剁椒、花椒、葱、姜、蒜、胡椒粉、料酒等蒸制而成，色泽红亮、肉质细嫩、肥而不腻、口感软糯、鲜辣适口。

（八）徽菜

徽菜，即为安徽菜，具有丰富的文化底蕴，主要风味特点为以咸鲜为主，突出本位，讲究重油、重色、重火功，烹调擅长烧、炖、蒸。著名菜肴有火腿炖甲鱼、腌鲜鳜鱼、八公山豆腐等。

火腿炖甲鱼是安徽的传统名菜。相传，唐朝末期，南吴的建立者杨行密巡视淮南时，百姓们用甲鱼和火腿一起炖煮后，让杨行密食用，他吃后心情大好，赞不绝口，这道菜也就因此出了名。

火腿炖甲鱼的主要原料是甲鱼、火腿，配料是香菇、绍酒、葱、姜、蒜、胡椒粉等，主料和配料放在一起炖熟后成菜，营养丰富、口味鲜香。

二、云南特色美食

（一）宣威火腿

宣威火腿是云南省著名特产之一，因产于宣威市而得名。宣威火腿因宣威独特的地理气候环境而独具特色。《宣威县志稿》载："宣腿名天下，气候使然"。它的主要特点是：形似琵琶，皮薄肉厚，肥瘦适中；切开断面，香气浓郁，色泽鲜艳，瘦肉呈鲜红色或玫瑰色，肥肉呈乳白色，骨头略显桃红。其品质优良，足以代表云南火腿，故也称"云腿"。

宣威火腿

宣威火腿的生产、加工历史悠久、源远流长。相传，我国在春秋战国时期就有腌肉，且孔子喜食。到宋朝，抗金名将宗泽发明了火腿，火腿在我国已有近千年的历史。自清雍正五年（1727年）设宣威州后，此地的火腿便以地名命名，称宣威火腿，流传至今已有近三个世纪。宣威火腿驰名中外，被誉为"华夏三大名腿"之一，宣威因此而获"火腿之乡"的美誉。

宣威火腿早在1915年的巴拿马太平洋万国博览会上就荣获过金奖，成为云南省最早进入国际市场的著名食品之一。1923年在广州举办的全国各地食品比赛会上，宣威火腿获得各界人士的好评。尤其是孙中山先生品尝了宣威火腿后，觉得色鲜肉嫩，味香回甜，食而不腻，倍加赞赏，题赠"饮和食德"，从此宣威火腿名声大振，香飘四海，远销东南亚和港澳地区，载入世人食谱大全。

宣威火腿具有鲜、酥、脆、嫩、香、甜等特点，长期以来一直以营养丰富、肉质细嫩、香味浓郁、咸香回甜著称于世，被人们视为馈赠亲朋好友的珍贵礼品。

（二）蒙自过桥米线

蒙自过桥米线，是云南有名的风味小吃，起源于蒙自地区。相传蒙自南湖之中有一小岛，岛上环境幽静。有一书生在此苦读以应科举。其妻每日为他送饭。饭菜送到后常常变凉。有一天，其妻炖了鸡汤倒入罐里，带上米线送去，吃时竟然不凉，方知此法能保温。后来她每天都以此法送饭。因途中经过一道桥，"蒙自过桥米线"因此而得名。此法很快传开，人们纷纷效仿，声名鹊起。

蒙自过桥米线的制作和食用方法较为独特：以鸡肉为原料，配以火腿、猪筒子骨等熬成汤，趁滚热盛在大碗中，吃时将鲜肉片、鸡腿、鸡翅、火腿片、生鱼片、鹌鹑蛋、酥肉、豆腐皮、豌豆尖、韭菜、草芽尖、葱丝等放入汤中烫熟，再把米线放入汤中即可食用。蒙自过桥米线汤色清亮、鲜美味香、爽口滑嫩。

（三）倘塘黄豆腐

"云南十八怪，豆腐拴着卖"，这句话说的正是云南出名的倘塘黄豆腐。倘塘黄豆腐至今已经有三百多年的加工历史了。倘塘黄豆腐的独特风味源于倘塘独特的地域地理气候环境和精湛的制作工艺及独特的原料配方。

倘塘黄豆腐选用优质本地黄豆，以倘塘地区独有的山泉水、石膏、姜黄等为配料精制而成。其黄色是用纯天然植物姜黄煮制染成的，制作过程中不添加任何人工色素。其色泽鲜黄，质地硬实细嫩。制作黄豆腐的工艺非常独特，必须通过黄豆去壳、泡豆粒、磨浆滤渣、涨浆、点浆、包块、姜黄染色、拴挂等传统工艺。

黄豆腐食法多样，可直接食用，可干食、炒食、煮食、煎食、烤食、蘸食用等。倘塘黄豆腐一直深受广大消费者的喜爱，堪称一绝。

（四）沾益辣子鸡

沾益辣子鸡，原产自云南省曲靖市沾益区，因其选料精殊、制作工序复杂、味道独一无二而名震四海。沾益辣子鸡以独特的原料、独特的配方、独特的加工工艺制作而成，辣而不辛、食和味醇，名震滇中。凡到沾益者，都以一尝辣子鸡为快，甚至有驱车百里而专程去品尝者。沾益辣子鸡辣而不燥，回味无穷，是曲靖地区朋友聚会或招待贵宾的必备菜品，也是云南著名的特色美食。

·拓展活动·

活动项目：调查当地的传统美食

活动准备：

1. 前期宣传：让学生了解活动内容和调查方法，了解本次活动的目的和意义。

2. 成立调查小组：每组 5 ~ 7 人，明确小组长。

活动流程：

1. 确定本次调查的地点范围，制订调查方案。

2. 到达调查地点调查当地的传统美食，并记录此美食的特点。

3. 了解当地传统美食的制作过程。

活动评价：

序号	评价指标	评价要求	效果评价（是／否）
1	了解当地传统美食的特点	品尝味道，了解做法	
2	对当地传统美食进行评述	语言朴素，客观公正	
3	活动体验	培养珍惜食物的良好习惯	

活动反思：

1. 通过这次活动，你最大的收获是什么？

2. 你对在这次活动中自己的表现感到：

非常满意 ☐　　一般满意 ☐　　不满意 ☐

第四章　民间体育

学习目标

· 了解摔跤、武术等常见民间体育项目的演变。

· 了解开展民间体育的重要意义。

· 树立锻炼身体、增强体质、传承民间体育技能及文化的意识。

经典导入

2022 年 4 月 8 日，习近平总书记在北京冬奥会、冬残奥会总结表彰大会上发表重要讲话。他指出："我们要坚持以增强人民体质、提高全民族身体素质和生活质量为目标，高度重视并充分发挥体育在促进人的全面发展中的重要作用，继续推进体育改革创新，加强体育科技研发，完善全民健身体系，增强广大人民群众特别是青少年体育健身意识，增强我国竞技体育的综合实力和国际竞争力，加快建设体育强国步伐。"

议一议

远古时期，人们在生活中必须掌握奔跑、跳跃、投掷、射箭、摔跤、搏斗等技能，这些活动可谓是早期体育产生的源头。随着生产力的发展，这些活动被赋予了游戏、竞技的功能，有的甚至成为强身健体的项目。本章我们主要介绍摔跤、武术等民间体育项目，一窥民间体育的风姿。

知识探究

民间体育是指在民间广泛流传的，具有鲜明的民族风俗和地方特色的传统体育形式。作为人类体育文化的重要组成部分，民间体育有着悠久的历史和浓郁的民族特色。它伴随着人类生产活动的出现而产生，在其发展、演变过程中，受一定的自然环境和社会历史发展进程以及其他各种因素的影响，形成了其特有的风格。中国的民间体育内容丰富，形式多样，地方特色浓厚，简便易行，如摔跤、拔河、武术、荡秋千、舞狮、斗牛、踢毽子、抽陀螺都各具特色，是历史悠久的民间体育形式，受到广大人民群众的喜爱。

一、摔跤

摔跤是按一定的规则，以各种技术、技巧和方法徒手相搏，以求摔倒对手的竞技运动。摔跤起源于原始社会。当时，人们为了求得生存，在狩猎和战斗中，利用自己的力量、技巧取得食物和进行自卫，从而产生了古代的摔跤。

汉武帝时，摔跤活动盛行。据《汉书·武帝纪》记载，规模最大的有两次，一次是"（元封）三年春，作角抵戏，三百里内皆来观"；一次是"（元封六年）夏，京师民观角抵于上林平乐馆"。由于汉代重视摔跤活动，摔跤的技术有了长足的发展。同时，摔跤比赛胜负由裁判员来判决。在山东省临沂地区金雀山汉墓出土的帛画上有一对健壮的摔跤手，挽袖对视，准备决一雌雄，并有一名裁判员在旁拱手而立，准备判决胜负。

据史料记载，唐朝时，每逢元宵节和中元节，官府会举行摔跤比赛。许多帝王不仅爱看摔跤，而且还是摔跤高手。唐朝末年，朝廷还建立了官办的相扑棚，收罗和训练摔跤高手，入选者称为"相扑人"，每当朝会、宴聚、祭祀之时，相扑人会专门进行摔跤表演。

宋朝时，民间出现了公开表演的女子相扑。明朝时，无论是在宫廷还是在民间，都有专业的摔跤表演。到了清朝，历代皇帝大力提倡摔跤运动，这项活动的名称繁多，如掼跤、争跤、摔跤、摔角、率角，而最普遍的称法是摔跤。摔跤在一定程度上丰富了中国民间体育的内容，也促进了中国民间体育的发展。

📖 知识链接 📖

南阳汉代石刻画像中的体育文化

河南南阳出土的汉代石刻画像中保存了大量关于体育文化的形象资料，反映了当时体育项目增多、技术不断提高的状况。这些体育项目具有以下特征：一是多样性，有骑马、射箭、武术、摔跤、杂技等；二是独特性、娱乐性和比赛功能凸显；三是融合性，如在跑跳等基本动作中融入了倒立这个高难度的动作；四是平衡性，如《双索戏车图》表现的是艺人在由两辆飞速前进的马车拉起的跳索上表现杂技，这要求表演者具有良好的平衡性。

二、武术

武术是我国传统体育的重要内容之一，又被称为"中国功夫"。武术其实是一种源于生活的对抗性运动，既可以用来强身健体，又可用来自卫。

原始社会时期，人们在狩猎活动中使用一些自制的石器、木器与强悍的野兽搏斗，并逐步学会了一些攻击和自卫的动作，武术就在这样的背景下产生了。随着人类社会的发展，部落间的战争愈发频繁，武术作为士兵的攻防格斗技能，逐渐趋于成熟。

秦汉时期，武术已经发展成为具有格斗性和观赏性的功夫套路。"项庄舞剑，意在沛公"这一典故，说的是项羽宴请刘邦，项羽的谋士范增让部将项庄舞剑助兴，打算趁机杀死刘邦。

从唐代开始，中国开始有了武举制度，政府通过武艺考试选拔将才。考试科目包括手射、马射、马枪等。到了宋代，武举被纳入科举考试体系。

元明清时期，很多武师各有创新，所创武术套路自成一派，世代相传。比如太极拳，在民间广为流传。

知识链接

武术的真谛

武术的真谛不在于搏击、打倒对手，而在于培养习武之人身手矫健、不畏强暴、心态平和、急公好义等特质。

今天，武术已成为现代体育运动项目，作为优秀的民族文化遗产，武术已经成为一张闪亮的中国名片，受到世界各国人民的喜爱。

三、跳绳

跳绳，是一人或众人在一根挥舞的绳中做各种跳跃动作的游戏，也是一种健康的有氧运动。跳绳在中国已有数千年的历史，历代史料中都有记载。清人潘荣陛在其著作《帝京岁时纪胜》中记录清代北京元宵节民间娱乐活动时，称跳绳为"跳白索"。

跳绳有单脚跳、单脚换跳、双脚并跳、双脚前后跳等多种跳法。跳时，摆绳与跳跃动作要合拍，可一摇一跳，也可一摇两跳乃至一摇三跳，可集体轮流跳或同时跳。跳跃时还可按不同情况编排各种花样动作，也可用节奏与旋律适宜的歌谣伴跳。

跳绳诵古诗

跳跳跳，你来跳绳，我来跳绳，大家一起跳"四季"。

我跳"春"：好雨知时节，当春乃发生。

我跳"夏"：绿树阴浓夏日长，楼台倒影入池塘。

我跳"秋"：空山新雨后，天气晚来秋。

我跳"冬"：墙角数枝梅，凌寒独自开。

四、抽陀螺

"陀螺"这个名词，最早出现在明朝。明朝刘侗、于奕正合撰的《帝京景物略》中记载："杨柳儿活，抽陀螺；杨柳儿青，放空钟；杨柳儿死，踢毽子。"

陀螺以木制居多。木制陀螺为圆锥形，上大下小，锥端常加铁钉或钢珠。玩时，以绳绕陀螺使其旋于地，再以绳抽打，使之旋转不停，抽打得越使劲旋转得越快。另有鸣声陀螺和菱形陀螺。鸣声陀螺以竹木制成中空圆筒，中间贯以旋轴。圆筒体开有狭长裂口，转动时由于气流作用能发声。菱形陀螺两头小，中间大，玩法与普通陀螺无异。

五、拔河

拔河为双方各执绳一端进行角力的体育运动，属于中国的传统运动项目。时至今日，民间还经常举办热闹的拔河比赛。通过拔河，人们不仅能够锻炼身体，还能增强团结协作的能力，培养集体主义精神。

拔河在中国有悠久的历史。早在春秋战国时期，就有拔河这项运动。据唐朝封演所著《封氏闻见记》记载，"拔河"在古代被称为"牵钩"。唐朝时期，"牵钩"活动已经十分盛行。上至文武百官，下至黎民百姓，都热衷于这项活动。也是从唐朝开始，"牵钩"更名为"拔河"。据说，当时的拔河和现在不同，据《封氏闻见记》记载："拔河，古谓之牵钩……古用篾缆，今民则以大麻绹长四五十丈，两头分系小索数百条挂于胸前，分两朋，两向齐挽，当大绹之中立大旗为界，震鼓叫噪，使相牵引。以却者为胜，就者为输，名曰'拔河'。"可见，以前拔河用竹篾编拧的绳子，至唐朝改用粗大的麻绳。

六、荡秋千

荡秋千是我国各族人民普遍喜爱的一种民间体育运动。秋千历史悠久，最早叫千秋，传说为春秋时代北方的山戎所创。秋千最初仅是一根绳子，玩者双手抓绳而荡。后来，齐桓公北征山戎，把千秋带入中原。至汉武帝时，宫中以千秋为祝寿之词，取千秋万寿之意，以后为避忌讳，将千秋改为秋千。古时的秋千多用树枝为架，再拴上彩带做成，后来逐步发展为两根绳索加上踏板的秋千。

荡秋千的方法通常有三种。一种是单人荡。单人荡需要很高的技巧和力量。有的荡得很高，有的甚至能绕梁转一周，可谓艺高人胆大。第二种是双人荡，两人面对面站在秋千上。这种荡法讲究两人的配合，能荡得很高，有时能与横梁比高，荡幅达 180 度，但很难做 360 度旋转。第三种是大人带着小孩荡，一边荡一边念着"荡一荡，除百病，岁岁得平安"的歌谣。

在中国封建社会里，妇女们深受封建礼教的束缚，长期大门不出，二门不迈，很少有机会与外界接触。在清明前后、春回大地时，妇女们便趁走出户外之机，通过荡秋千来舒展身子，同时也得到精神的放松。

知识链接

胡 悠

胡悠也叫木驴。其做法是：主杆上端有个铁轴，轴头顶在横梁的正中间。横梁两头各吊一个小秋千，人或站或坐在两头的秋千上，边荡悠边转圈。

七、踢毽子

踢毽子是中国民间传统运动项目之一。根据史料记载和出土文物证明，它起源于汉代；唐宋时期开始盛行，在民间流传极广，集市上还出现了专门制作出售毽子的店铺。清代踢毽子的技艺已发展到相当高的水平，这项运动也为中国古代妇女所喜爱。

踢毽子比赛有单人赛与集体赛。单人赛有比踢毽子的次数、比花样等；集体赛以总踢次数多少判定输赢。另有一种集体赛，即数人共踢一毽，当毽子落到谁面前，谁可任意选择踢法将毽子踢给其他人，毽子在谁面前落地谁为负。也可在场地中央划约 1 米宽的"河"，两队各站一区按规则往返踢毽子，未踢过"河"或毽子落地一方为失分，最终以分数判定胜负。踢毽子对场地的要求比较简单，可大可小，室内、室外均可进行。

毽子的基本踢法，主要有"盘、蹦、拐、磕、抹、背、勾、踏"等 8 种，用脚内侧踢为"盘"，用脚面踢为"蹦"，用脚外侧踢为"拐"，用膝盖和大腿踢为"磕"，用一只脚伸到另一只脚外侧用脚内侧或脚底踢为"抹"，用一只脚向身后弯曲用脚心踢为"背"，背对毽子运行方向用脚面向身后踢为"勾"，在身体前方、侧面或身后用脚心踢为"踏"。

踢毽子是一项良好的全身性运动，它不需要任何专门的场地，运动量可大可小，老幼皆宜，尤其有助于培养人的灵敏性和协调性，有助于身体的全面发展，促进身体健康。

知识链接

踢毽子的益处

踢毽子可以防治"亚健康"状态。踢毽子要求人的思想高度集中，瞬间完成踢的动作，技术到位，动作准确，这样毽子才能踢得顺心如意。踢毽子对于调节高级神经活动、缓解心理压力十分有益。毽子虽小，娱乐性和运动性俱全，魅力十足。很多人把踢毽子叫作"走毽儿"。大家围在一起，你一脚，我一脚，飞舞的毽子牵动着所有人的眼球，激发着所有人的责任感和团结进取的精神，稍不小心都会造成毽子落地。其间有说有笑，有喊有叫，有逗有让，气氛融洽、热烈，是一项很好的寓"健"于乐的运动。

由于踢毽子极具娱乐性，它在深受国人青睐的同时，也为世界其他国家的人民所喜爱。欧洲、亚洲的许多国家都开展了毽球运动。中国毽球队曾出访日本、泰国、越南、德国、荷兰、匈牙利等国家，促进了毽球运动的传播。

八、踩高跷

踩高跷，也叫"高跷""踏高脚""走高腿"，是盛行于民间的民族传统体育项目之一。关于高跷的起源，人们认为与原始的民族图腾崇拜有关。据历史记载，尧、舜时代以鹤为图腾的丹朱氏族，在祭祀中要踩着高跷拟鹤跳舞。考古学家认为，甲骨文中已有近似踩高跷的象形文字，两者都可以印证高跷起源于原始氏族的图腾崇拜。

踩高跷作为一种表演艺术，历史悠久。表演者踩在木制或铁制的高跷上，通过绳索和脚蹬的支撑，保持身体平衡，并做出各种动作和表演。他们身着华丽的服饰，脸上涂抹着鲜艳的油彩，形象生动，引人注目。踩高跷与多个传统节日紧密相关。其中，最为著名的要数春节和元宵节。在这两个节日期间，各地都会举办盛大的踩高跷表演活动，为节日增添喜庆和欢乐的氛围。

踩高跷

九、耍龙灯

耍龙灯，又叫"舞龙""龙灯舞"。在古代，人们把"龙"视作吉祥的化身，人们用舞龙的方式祈祷神龙的保佑，以求得风调雨顺、四季丰收、福满人间。传说黄帝时期，人们编排了一种叫作《清角》的大型歌舞，此后逐渐演变成六条蛟龙互相穿插舞动的舞蹈场面。在汉代，耍龙灯在民间相当普遍，张衡的《西京赋》中有舞龙的文字记载。到了宋代，耍龙灯已经成为常见的表演形式。到了近代，耍龙灯已成为一种民间舞蹈艺术，深为广大群众所喜爱。

一般来说，龙灯是由竹木、彩纸、布等扎成，成断续的数节，整体长达数米。龙身内燃烛的被称为"龙灯"，而不燃烛的则被称为"布龙"。舞龙时，以舞者手持龙头，其身后则有数十人举起连接龙身的木棍。整条龙随鼓点舞动，上下翻飞，看上去栩栩如生。耍龙灯不仅是一项流传甚久的传统娱乐活动，还寓意着人们对新一年的美好期盼。

知识链接

龙灯的种类

常见的龙灯有火龙、草龙、人龙、布龙、纸龙、花龙、烛龙、竹叶龙、荷花龙、板凳龙、扁担龙、滚地龙、七巧龙、夜光龙、焰火龙等十几种。

十、舞狮

舞狮，又称"狮子舞""狮灯""舞狮子"，是一种古老的民间活动，多在年节和喜庆活动中表演。舞狮至今已有一千多年历史，据说，舞狮起源于魏晋时期，流行于南北朝时期，盛行于唐代，延续至今。

舞狮，一般由三人完成，一人充当狮头，一人充当狮身和后脚，另一人当引狮人。舞法上又有文武之分，文狮表现狮子的温驯，有抖毛、打滚等动作；武狮表现狮子的凶猛，有腾跃、蹬高、滚彩球等动作。狮子在人们心中为瑞兽，象征吉祥如意。因此，舞狮活动寄托着民众消灾除害、求吉纳福的美好愿望。

十一、放孔明灯

孔明灯又叫天灯、"许愿灯"、"祈天灯"，是一种古老的中国手工艺品。人们一般在元宵节、中秋节等重大节日放孔明灯。

相传五代时期，有一名叫莘七娘的女子，随丈夫在福建打仗。她曾用竹篾扎成方架，糊上纸，做成大灯，在底盘上放置燃烧着的松脂，使灯靠热空气飞上天空，用作军事联络信号。这种灯笼的外形像诸葛亮戴的帽子，因而得名。

制作孔明灯最主要的原料是竹子和绵纸。竹子主要用于制作孔明灯的骨架。首先将几根竹子用刀削成 2 ～ 3 厘米宽的竹条，其次将竹条弯成一个圈，两端用绳子捆牢，形成一个半径约 25 厘米的圆形竹环，再在竹环周围挂上绵纸、彩纸等，并在孔明灯底部形成一个通气口。

十二、划龙舟

划龙舟，又称"赛龙船"或"龙舟竞渡"，是在中国传统节日端午节这一天举行的一项重要、古老的传统民俗活动，也是深受人们喜爱的水上竞赛性娱乐活动，在江苏、浙江、湖南、湖北、广东、福建、云南、贵州等地最为盛行。

"龙舟竞渡"是在战国时期就有的习俗。战国时期，人们在急鼓声中划着龙形的独木舟，做竞渡游戏，以"娱神"与"乐人"。龙船竞渡前，先要请龙、祭神。如广东地区，人们在端午前将龙舟从水下起出，在祭过南海神庙中的南海神后，安上龙头、龙尾，再准备竞渡。人们还要买一对纸制小公鸡置于龙船上，认为这样可保佑龙船平安。福建、台湾则往妈祖庙祭拜。有的直接在河边祭龙头，杀鸡滴血于龙头之上，如四川、贵州等地区。

据《史记·屈原贾生列传》记载，屈原是春秋时期楚怀王的大臣，因其倡导举贤荐能、富国强兵、联齐抗秦遭到贵族子兰等人强烈反对，屈原遭谗去职，被赶出了都城，流放到沅、湘流域。公元前 278 年，秦军攻破了楚国郢都，屈原不忍舍弃自己祖国，在写下绝笔《怀沙》之后，于农历五月初五日抱石投汨罗江而死。屈原死后，楚国百姓哀痛异常，纷纷涌到汨罗江边去凭吊屈原。渔夫们划起船只，在江上来回打捞他的尸身。他们争先恐后，追至洞庭湖也不见其尸身的踪迹。之后，每年农历五月初五人们以划龙舟来纪念他。

赛龙舟现被列入中国国家体育比赛项目，每年还要举行"屈原杯"龙舟赛。2011 年 5 月，赛龙舟经国务院批准被列入传统体育、游艺与杂技项目类的非物质文化遗产名录。

知识链接

竞渡歌（节录）
（唐）张建封

五月五日天晴明，杨花绕江啼晓莺；使君未出郡斋外，江上早闻齐和声；
使君出时皆有准，马前已被红旗引；两岸罗衣破晕香，银钗照日如霜刃；
鼓声三下红旗开，两龙跃出浮水来；棹影斡波飞万剑，鼓声劈浪鸣千雷；
鼓声渐急标将近，两龙望标目如瞬；坡上人呼霹雳惊，竿头彩挂虹蜺晕；
前船抢水已得标，后船失势空挥桡。

拓展活动

活动项目：拔河比赛

活动准备：

1. 分组：全班分为 6 个组，各组人数相当，明确队长。

2. 场地准备：学校运动场。

3. 道具准备：绳子、哨子、红线。

活动流程：

1. 集合。双方队员按队长安排的顺序依次站好。

2. 握绳。听到裁判口令后，选手双手握住绳子。

3. 调整中心线。双方队员听从裁判指挥，使绳上红线记号与中心线对齐。

4. 开始比赛。裁判下令，比赛开始。

5. 判定胜负。当绳上红线被拉至"胜负线"时，决定双方胜负，本局比赛结束。

6. 教师总结。

活动反思：

1. 团结协作的重要性。

2. 你对在本次活动中自己的表现感到：

非常满意 ☐　　一般满意 ☐　　不满意 ☐

第五章　民间技艺

学习目标

- 了解年画、剪纸等民间技艺的特点。
- 理解年画、剪纸等民间技艺的发展历史。
- 了解民间技艺，增强民族自豪感，增强传承民间技艺的意识。

经典导入 --

秘色越器

唐·陆龟蒙

九秋风露越窑开，夺得千峰翠色来。

好向中宵盛沆瀣，共嵇中散斗遗杯。

议一议 --

请同学们分组讨论，我国的民间技艺包括哪些种类。

知识探究 --

在中华民族发展的历史长河中，广大劳动人民运用自己的聪明才智，创造出了许多优秀的民间技艺，其中很多是大家所熟知的，如年画、剪纸、泥塑、漆器、纺织、扎染、刺绣、编织，其既承载着厚重的历史文化沉淀，又体现着鲜明的时代精神，独具特色和魅力。

一、年画

年画，顾名思义，就是过年时张贴的画，是中国古代一种寓意吉祥、喜庆的图画，在欢庆年节的时候张贴出来，以营造火红、热闹的节日氛围。

年画

（一）年画简史

年画是随着年节习俗的演变而衍生出的一种民间有特殊象征的中国画装饰艺术。年画起源于门神画，故可以追溯到人类远古时期的自然崇拜和神灵信仰。传说神荼、郁垒兄弟是勇敢的武士，能捉鬼，他们把捉到的鬼都喂老虎吃了。于是人们就在年节时把老虎和武士的像画在门上，希望辟邪。故早期年画都与驱凶避邪、祈福迎祥这两个主题有着密切关系。民谚说："门神门神骑红马，贴在门上守住家；门神门神扛大刀，大鬼小鬼进不来。"在祈祷丰收、祭祀祖宗、驱妖除怪等年节习俗普及化的过程中，民间逐渐出现了各种年画装饰艺术。

唐宋以来，年画多用木版水印制作，其表现题材也越来越丰富，关羽、秦琼、尉迟恭等武将也开始在年画中出现，娃娃、山水、花鸟、戏曲等也有涉及。

到了明朝，年画制作更加繁荣，出现了开封朱仙镇、苏州桃花坞、天津杨柳青等著名的年画产地。

清代更是年画的鼎盛期，其内容更是包含了神话传说、民俗风情、历史故事、演义小说等题材。

（二）分类

按照题材的不同，年画大致可分为门神年画、生活年画、戏曲年画、时事年画、讽刺幽默年画等类型。

1. 门神年画

当今广为流传的门神形象是唐代名将秦琼、尉迟恭。门神年画中的人物大都相貌威严、乱须怒目、气势压人，反映出古人希望通过张贴有威慑力的门神年画，保护家人免受灾祸的祈盼。

2. 生活年画

生活年画均带有吉祥、喜庆之意，如娃娃、山水、花鸟等题材。在生活年画中最有特点和最受欢迎的是以娃娃为题材的年画。年画中的娃娃都是天真、可爱、聪慧、眉清目秀的样子，手里常拿着荷花、金鱼、宝灯等，骑坐在麒麟、老虎、大鱼等动物的身上，表现了古人子福家安的美好寓意。

3. 戏曲年画

戏曲年画是随着戏曲的兴起而发展起来的一种年画，它将年画与戏曲完美地结合，形式新颖，画中有戏，百看不厌。

4. 时事年画

时事年画具有很强的政治性。鸦片战争后，时局动荡，社会上的一些新闻事件、新鲜事物、英雄人物都能作为年画的题材，比如出现了反映维新变法、辛亥革命的年画。这些年画让当时的老百姓获得了许多时事信息。

5. 讽刺幽默年画

讽刺幽默年画大多出现在晚清，这类年画构思巧妙、形象幽默，讽刺人情世故，对世态的刻画入木三分。如"老鼠嫁女"题材的年画，对攀附权贵之人进行了讽刺，极具批判性。

（三）主要流派

1. 开封朱仙镇年画

开封朱仙镇制作木版年画的历史悠久，被认为是我国木版水印年画的发源地。它诞生于唐代，兴盛于宋代，鼎盛于明清。传说当年，秦王李世民率兵攻占了开封，当地父老向他诉苦：连年打仗城中夜里闹鬼，百姓的日子没法过了。当晚李世民也连连被噩梦惊醒，不能入睡。李世民灵机一动，令谋士画了秦琼、尉迟恭像贴在两扇城门之上，以保百姓平安。朱仙镇一位巧木匠来到开封，看到城门上将军的画像，回去后把两人的像刻在梨木版上。木匠的门神画供不应求，后来门神发展成供喜庆节日张贴的年画。从此，朱仙镇年画一举成名。

2. 苏州桃花坞年画

苏州桃花坞年画是江南水乡的特产，起源于明代，盛行于清代雍正、乾隆年间。桃花坞年画常常是图文并茂的，艺术价值较高，不仅畅销国内，还远销日本、英国、德国等地。

3. 天津杨柳青年画

天津杨柳青年画起源于明代，盛行于清代。它结合多种艺术形式，形成了鲜明活泼、喜气吉祥的独特风格，具有很强的艺术价值。

4. 潍坊杨家埠年画

潍坊杨家埠年画色彩喜庆，题材与时俱进，不仅直接反映了时代流行的思想、事物，还间接地记录了民间的生活，对于年画的研究具有很大的参考价值。

（四）工艺流程

传统年画要经过绘、刻、印三道工序才能完成。

绘是指在薄薄的绵纸上墨线绘出图案，再反贴在事先准备好的木版上。将绵纸用糨糊粘贴到木版上，待糨糊干透后，再涂上一层黄麻油，使墨线更加清晰，并增加版面的柔韧性。

刻墨线版的要领是"陡刀立线"。墨线版也被称为"主版"。将刻好的主版印出版样，照画稿的颜色分版，叫"择套"，一色为一版，一张年印有多少种颜色，就要刻多少版。套色版必须与主版相吻合，防止套印不准。

在印制工序中，先印墨线版，再依次印大红、粉红、黄、蓝、淡蓝版。有的年画要两块色板重复套印才能形成另外一种颜色，每刷一种复色，必须在上一版的颜色晒干后再进行，以防弄脏颜色。

我国年画以深厚的人文意蕴、密集的信息承载、丰富的地域风格、鲜明的民族特色著称，遍及神州大地。年画不仅丰富了人民群众的生活，更是给人们的心灵带来慰藉和希望。虽然年画的内容和表现形式不一样，但都是在寄托人们美好的祈盼和心愿，这是年画的情怀，也是年画的精神。

知识链接

喜　画

有一类独特的年画，并不是在新年的时候张贴的，而是专门用来布置新房的，此类年画俗称"喜画"。喜画多围绕早生贵子、夫妻恩爱、家庭和睦等内容进行创作，寓意吉祥，如《麒麟送子》。

二、剪纸

用一张纸、一把剪刀或刻刀在纸上创作出好看的镂空图案，这就是剪纸。

剪纸艺术在我国不同地区呈现出不同的特色，多用于年节或喜庆盛典等活动中。中国剪纸于 2009 年被列入人类非物质文化遗产名录。

（一）剪纸简史

剪纸是中国最普及的民间传统装饰艺术之一，有着悠久的历史。早在纸被广泛应用之前，人们就有了类似剪纸的活动。"剪桐封弟"的故事说的是周成王继位之初，年纪尚小，有一天他和弟弟叔虞一起玩，随手捡了一片梧桐叶，用小刀刻成"圭"的样子送给叔虞，说要封他做诸侯。后来，周成王真的把唐地（今属山西）封给了叔虞。

魏晋南北朝时期，随着造纸技术的提高和农耕文化的发展，剪纸艺术发展得很快。新疆吐鲁番火焰山附近出土的北朝时期的五幅团花剪纸，是迄今为止我国发现的最早的剪纸实物。这几幅剪纸，采用了重复折叠的方式和形象互不遮挡的处理手法，与今天的民间团花剪纸极其相似。

唐代的剪纸已达到很高的艺术水平，有皮革刻花冠饰和漏版印花图案可作佐证。唐代诗人李商隐的《人日即事》云："镂金作胜传荆俗，翦彩为人起晋风。"这就是对剪纸的描述。

宋代出现了行业性质的剪纸和用于工艺装饰的剪纸，较为多见的例子是吉州窑宋代瓷器上的剪纸纹样。另外，宋代皮影盛行，也有用纸制作皮影的，称为"纸窗影子"。现在某些地区仍有类似皮影风格的剪纸，可见这两种类似的艺术形式相互间的影响和汇流。

明代剪纸艺术的应用更加广泛，在形式上也有很多创新之处。

清代是剪纸艺术普及、发展以至鼎盛的时期，不但剪纸种类繁多，而且名家辈出，工艺精湛。

（二）主要流派

剪纸因其材料易得、成本低廉、艺术性强而深受人们的欢迎。剪纸不仅表现了中国人的审美爱好，还含蕴着民族的深层社会心理，是中国最具特色的民族技艺之一。全国各地都能见到剪纸，不同地区的剪纸，其样式千姿百态，形成了不同的风格流派。

1. 江苏剪纸

江苏是我国最早流行剪纸的地区之一，其中以扬州最盛。唐时，扬州已有剪纸迎春的风俗。立春之日，民间以花、蝶、春钱为图案剪纸，或悬于佳人之首，或缀于花下，相观为乐。明清时，扬州剪纸增强了装饰性，既可作为妇女儿童的饰品，又可作为民间风俗仪式的装饰。其多为喜庆图案。直至清末民初，扬州仍有不少民间艺人以剪纸手艺谋生。

2. 陕西剪纸

在全国各地不同风格和特色的剪纸艺术中，古老而纯朴的陕西剪纸以它特有的魅力，深受人们喜爱。陕西剪纸的主要类型有窗窖顶花、炕围花、门画、挂帘、枕花、桌裙花、鞋花、结婚双喜花、衣物佩饰花、神龛贴花等。其剪纸艺术形式多样，内容丰富，以窗花最为普遍。每逢春节，家家户户都给窗子糊上洁白的纸，贴上红纸剪成的窗花，喜庆新年。陕西窗花的内容主要有两种，一种是继承传统内容，一种是表现当下生活，具体有人物活动、花鸟鱼虫、飞禽走兽、民间故事传说等，造型严谨，民间特色十足。

3. 山东剪纸

山东剪纸从造型风格上大致可分两类。一类是渤海湾区域粗犷豪放的风格，与黄河流域其他省份的剪纸一脉相承。另一类则是更有当地特色的山东胶东沿海地区的剪纸，以线为主，线面结合，其花样密集的装饰手段，使剪纸单纯爽快的构图更饱满丰富。

4. 广东剪纸

广东剪纸源于宋代，盛于明清时期，以佛山剪纸最为著名。佛山剪纸可分为铜衬、纸衬、铜写、银写、木刻套印、铜凿、纯色等几大类。其利用本地特有的铜箔、银箔，用剪、刻、凿等技法，套衬各种色纸并绘印上各种图案，形成色彩强烈、金碧辉煌、富有岭南特色的剪纸流派。

5. 福建剪纸

福建各地的剪纸具有不同的特点。山区的南平等地以刻画山禽家畜的作品较多，粗犷有力、淳厚朴实；沿海一带则多以海洋动物入画，风格细致、造型生动；莆田一带以礼品花为主，倾向于华丽纤巧。

（三）工艺

剪纸工艺有"剪"和"刻"两种，"剪"就是用普通剪刀，凭着艺人的感觉信手剪出各种各样的图案和汉字。"刻"是用小刀将纸放在蜡盘上刻镂而成。刀工的具体要领是：制刀要精、握刀要紧、控刀要正、下刀要准、用刀要活、走刀要稳、破刀要严、磨刀要快、烫刀要平。

剪纸艺术形成于民间，凝聚着人民群众的智慧，具有鲜明的民族风格和特色，其题材丰富、形象典型，显示了民间工匠技艺的生命力。如今，计算机技术的运用使剪刻速度有了划时代的提升，但计算机要代替民间生活气息的流露，代替人们思想情感的表达，还有漫长的路要走。

古代诗词中的剪纸艺术

我国古代诗人对剪纸这一民间技艺赞誉有加，历朝历代流传下来许多与之有关的诗词，比如：

欲剪宜春字，春寒入剪刀。（唐·崔道融《春闺二首》）

镂金作胜传荆俗，翦彩为人起晋风。（唐·李商隐《人日即事》）

暖汤濯我足，剪纸招我魂。（唐·杜甫《彭衙行》）

三、泥塑

泥塑，即将黏土塑制成各种形象的一种古老的民间手工艺术。艺人把优质泥土加水进行调和，挤压、揉制为可塑性极强的基料，再将其捏制成各种形状的人物、动物等，或素或彩。泥塑在民间俗称"彩塑""泥玩"。

（一）泥塑简史

新石器时代，泥塑与图腾文化密切相关，原始先民相信每个氏族都与某种动物或植物有着特殊关系，这种动物或植物便是氏族图腾。到了汉代，泥塑广泛用于殡葬，在两汉墓葬中出土的大量陶马车、陶俑、陶船等陪葬品即证明。

魏晋南北朝时期，泥塑造像盛行，泥塑艺术有了很大发展。

到了唐代，泥塑因其造型更为精美，被视为艺术珍品。

到了宋代，小型泥塑玩具制造业发展快，有许多人专门从事泥塑制造。

明清时期，出现了大量生产泥塑的手工作坊。

（二）分类

泥塑按表现题材不同，分为生活泥塑、花果蔬菜泥塑、动物花鸟泥塑、人物泥塑。

1. 生活泥塑

生活泥塑取材于老百姓的生活逸事，反映了老百姓衣食住行各方面的情景，生动逼真。

2. 水果蔬菜泥塑

水果蔬菜泥塑是用泥做成水果蔬菜的样子，体现了人们的生活情趣。

3. 动物花鸟泥塑

动物花鸟泥塑小巧精致、各具姿态、妙趣横生。

4. 人物泥塑

人物泥塑大多取材于民间故事和民间传说，颇有趣味。

（三）主要流派

泥塑的主要流派有天津泥塑、江苏泥塑、山东泥塑、河南泥塑等。

1. 天津泥塑

天津泥塑不仅形似，而且传神，着重表现人物的性格、神情、体态，力求达到形神兼备的境界。其色彩简洁、清新、素雅，可长期保存而不干裂。

2. 江苏泥塑

江苏泥塑用泥十分讲究，多用惠山的黑泥。在制作上，有剪、揉、捏、印、搓、拍、贴、镶等手法。其色泽艳丽、对比鲜明，讲究"红得艳、绿得娇、白得净"。风格俏丽而明快。

3. 山东泥塑

山东泥塑的造型粗犷豪放、构图严整、着色浓艳，具有浓郁的地方特色和生活气息。当地流传着这样的民谣："孩子哭，找他妈，他妈买个泥娃娃，逗得孩子乐哈哈。"

4. 河南泥塑

河南泥塑形体小、造型多且别致，以怪异、神秘、奇特为造型特点。在色彩的运用上，呈现两极分化：有的泥塑追求古朴的风格，保持风土原有的本色；有的泥塑注重色彩的描绘、着色细腻、搭配协调，深受儿童的喜爱。

（四）工艺

泥塑所需泥土既要黏性强，又要质地细腻，使用前要经过捶打、摔、揉，有时还要在泥土里加些棉絮、纸屑、稻草等，使泥塑品收缩而不干裂，以便保存。泥塑的模制一般分为四步：制子儿、翻模、脱胎、着色。

（1）制子儿。制子儿就是制出原型，将和好的泥用雕、塑、捏等手法，塑造好一个形象，经过修改、磨光、晾干后即可成型，有些地方还要用火烧一下，以加强强度。

（2）翻模。翻模就是把泥土压在原型上印成模子，常见的有单片模和双片模，也有多片模。

（3）脱胎。脱胎就是用模子制作泥人坯胎，通常是先把和好的泥擀成片状，然后压进模子，把两片压好泥的模子合拢压紧，再安一个"底"，即在泥人下部粘上一片泥，使泥人中空外严，最后在胎体上开一个孔，使胎体内外空气流通，以免因胎内空气压力变化导致泥胎破坏。

（4）着色。泥塑艺术素有"三分塑，七分彩"之说。一般着色之前先上一层底色，以保持表面光洁，便于吸收彩绘颜料。彩绘多用品色，将植物染料调以水胶，以加强颜色附着力。

泥塑作为有鲜明地域特色和时代气息的民间技艺，既是人们情感的寄托，也是民族文化的忠实记录，需要代代保护和传承。

知识链接

面 塑

面塑，俗称"面人"。面塑多以糯米面、小麦粉为主料。将面粉加水调和，用手捏成面团后，再塑造成栩栩如生的各种形象，即可做出一件面塑作品。面塑也是一种传统民间技艺。

四、漆器

"漆"字是象形字，有在漆树上割开八字形流出漆水之意。自然生漆有耐热、防腐等特点，将它涂在器物表面，最早是为了保护器物，减少其在使用中的磨损。后来，人们发现将各种颜色的漆施以不同工艺，可以形成不同的花纹样式，或色彩古朴典雅，或色泽光润照人，于是便产生了漆器技艺。

（一）漆器简史

我国是世界上最早使用漆器的国家。早在新石器时代，我们的祖先就将漆用于实用器皿。1978 年，浙江余姚河姆渡遗址中出土了约七千年前人们制作的木胎朱漆碗，这是我国目前发现的最早漆器。

在湖北、河北、河南等地也曾出土多件商代漆器的残片，专家研究指出，商代已经有薄胎漆器了。在河南安阳侯家庄商王陵区出土的商代漆绘雕花木器上，嵌有绿松石、玉石等，说明商代匠人在用漆技巧和镶嵌技术上已达到较高的水平。

春秋战国时期，漆器的胎骨、造型都有创新，修饰技法也日益完善，漆器品种丰富、色彩艳丽、工艺先进。这一时期是漆器技艺突飞猛进的重要时期。

汉代时期，漆器格调舒展活泼、自由奔放，出现了较大型的漆器，如鼎、钟。

魏晋南北朝至隋唐宋时期，漆器技艺日臻完美。唐代有螺钿漆器、金银平脱漆器等，漆器技艺达到空前水平。宋代宫廷漆器更为精致，民间漆器大量增加。

元明清时期，出现了张成、杨茂等名载史册的漆器工匠。明代涌现出了一大批制漆名家，著名匠师黄成总结经验，写成《髹饰录》，这是我国古代漆器技艺的经典著作。清代，民间漆器得到较快发展。

（二）分类

漆器大致可分为调色漆器和不调色漆器两种。

（三）主要流派

1. 福州漆器

福州漆器由清代乾隆年间漆器匠人沈绍安首创，其中以脱胎漆器最为著名。福州漆器是继承了古代优秀漆文化而发展起来的独特种类。福州漆器光亮美观、坚固耐用、不易变形、不易褪色。

2. 北京漆器

北京漆器以雕漆工艺最为著名，雕工细腻，造型古朴庄重、纹饰精美、色泽光润。

3. 扬州漆器

扬州漆器以百宝嵌漆器最为著名。百宝嵌漆器是明代著名工匠周翥所创，充分体现了天然质地和色泽之美，风格华贵富丽。

（四）工艺

（1）制坯。漆器的坯子有木坯、藤坯、金属坯、陶泥坯等。

（2）上灰。将坯打磨光滑均匀后，用制版将漆水调制的灰料（石膏粉）均匀刮附于坯体上，阴干后，用砂纸打磨平整、光滑。

（3）上漆。先将底漆均匀地刷涂在灰坯上，阴干后，用砂纸打磨光滑，然后再用勾画图案的各种彩漆描绘成图，阴干后，再进行打磨。此环节须反复进行。

（4）推光。上漆完成后，再用抗氧化、抗磨损的漆封闭漆器表面，并对其表面进行推光处理。

▣▣ 知识链接 ▣▣

《髹饰录》

《髹饰录》是我国明代的一部关于漆器工艺的著作，也是我国现存的唯一一部古代漆器工艺著作，其作者是漆器工匠黄成。《髹饰录》全书分为乾、坤两集，共十八章，一百八十六条。《髹饰录》作为一部专业性很强的著作，为我国古代漆器的定名及分类提供了可靠依据，也为漆器技艺的传承做出了重要贡献。

五、纺织

纺织是纺纱与织布的总称。

（一）纺织简史

中国纺织与印染技术具有非常悠久的历史，早在原始社会，先民们就将从自然界采集的葛、麻等和狩猎所得的鸟兽毛羽织成简单的衣服。浙江余姚河姆渡遗址曾在出土的文物上发现了苘麻的双股线痕迹，也出土了木质纺车、纺机零部件，距今约七千年。在江苏苏州草鞋山遗址发现的葛纤维纺织品，是用经线以双股纱线合成的罗地葛布，距今约六千年。由此可见，麻纺、丝纺是最早出现的纺织品。

从殷墟考古发现来看，商朝养蚕业十分发达，种桑、养蚕、抽丝技术的提高使商朝的丝织业空前发达。商代的麻织，丝毫不逊于丝织，而且商代麻织的技术水平已达到一定的高度。新疆哈密五堡墓地出土的毛织品，有平、斜两种织法，并用色线编织成彩色条纹的罽，表明毛织技术已达到一定水平，距今约三千年，相当于商代晚期。纺轮是最早的纺纱工具，大约出现于旧石器时代晚期。据考古发现，在全国各地年代较早的、规模较大的遗址中，几乎都有纺轮出土。纺轮使用时需加一根插杆，合称纺坠，纺坠是利用其本身自重和连续旋转而工作的。福建武夷山考古出土的青灰色棉布，经鉴定是联核木棉，年代与前述新疆哈密五堡墓地出土的毛织品大略相同，故木棉纺织的技术大约在商代晚期就已经成熟。

汉代，纺织已成为民间最普遍的手工业。汉乐府民歌《孔雀东南飞》中"鸡鸣入机织，夜夜不得息。三日断五匹，大人故嫌迟"，便是对此时期以家庭为主体的手工纺织业的描述。

唐代，官营纺织和私营纺织共同发展。

南宋后期，棉纺织得以迅速发展。出生于宋末元初的黄道婆，是我国著名的纺织革新家。她创造出完成"擀、弹、纺、织"等一整套纺织程序的专用机具，从而大大提高了生产效率。黄道婆的这项发明，比英国工业革命时期出现的"珍妮机"早了约五百年。

（二）分类

按织物原料的不同，纺织可分为麻纺织、丝纺织、毛纺织、棉纺织、纤维纺织等类型。

（1）麻纺织，指将麻纤维纺织成织物。我国用于纺织的麻有三种：苘麻、苎麻、大麻。

（2）丝纺织，指将丝纤维纺织成织物。平时人们说的绫、罗、绸、缎都是丝织品。关于丝绸的起源有一个美丽的传说：远古时期，黄帝大败蚩尤，"蚕神"将她吐的丝奉献给黄帝以示敬意。黄帝命人将其缝制成衣，穿上异常舒服。黄帝之妃嫘祖便去寻找能吐丝的蚕，找到后，便种桑养蚕，并把养蚕的方法教给人们，因此民间把嫘祖奉为养蚕的始祖。

（3）毛纺织，指将动物的毛纺织成织物。是继丝织品之后出现的纺织物。

（4）棉纺织，指将棉纤维纺织成织物。棉花堪称中国纺织原料的后起之秀，从宋代到元代，棉花已成为人们纺织的主要原料。

（5）纤维纺织，指将化学纤维纺织成织物，是近代迅速发展起来的纺织技术。其织物有色彩鲜艳、耐磨、防腐、拉力强等特点，可以弥补麻纺、毛纺、棉纺织物的缺点。

（三）工艺

下面以棉纺为例，介绍纺织工艺的几个流程。

1. 轧核

古人使用一种手摇式轧机，把棉花中的棉籽轧掉。轧掉棉籽的棉花叫"净花"。

2. 弹花

把净花晒干后，用一张大弓将净花弹得蓬松均匀。弹过的棉花可以卷起来储存，以供纺织之用。

3. 纺线

将弹过的棉花进一步加工成棉条，从棉条中抽出部分搓成线，固定在纺车的轮子上，随着轮子的旋转，线最后变成线束。

4. 布浆

将整理好的线束用面糊或米汁浸泡，固定在木架上，用刷子整理整齐，放在织布机上加工。

5. 上机

把上过浆的线束放在织机上。

6. 织布

使经线和纬线交错，就织成布了。

7. 染色

布织好后，就可以进行染色了。

与纺织有关的词语

"成绩"一词中的"绩",原指原始手工纺织中的一项技术,即将织物茎皮劈成极细的长条,然后逐根拈接,这是具有高度技巧性的手艺。后来,人们便把学习或工作中取得的成就叫作"成绩"。

"综合",原指把许多不同的线合并起来,后来引申为将不同事物或不同部分合并成一个整体。

"经纬",原指织物的纵线和横线,后来被用来指地球的经度和纬度。"经"还引申为被广泛认为是典范的著作,以及中医脉络等含义。

六、扎染

扎染又叫扎缬、绞缬,它是用线或绳以各种方式绑扎布料,再将布料放入染液中而形成特殊图案的一种传统技艺。扎染工艺将单色织物的部分区域扎结,使之在染色过程中不能着色,待到染色完成后,再把扎结的部分拆开,织物上便呈现出精美的图案,独具特色。

(一)扎染简史

扎染技艺在我国约有两千年的历史。据史料记载,秦汉时人们已经将扎染制品作为日用品使用了。到了东晋时期,扎染技艺逐渐发展成熟。根据考古资料显示,我国现存最早的扎染织品是新疆吐鲁番阿斯塔那古墓群出土的东晋绞缬印花绢。南北朝时,服装制造业广泛使用扎染技艺,妇女多穿用扎染技艺制作的"青裙"。

唐代时,扎染技艺发展到鼎盛时期,从上层贵族到平民百姓都用扎染制品。到了宋代,扎染技艺进一步发展,民间盛行扎染服饰。而到了宋仁宗时,扎染技艺衰落。明清时,扎染技艺开始复兴,出现了染布行会。

(二)分类

扎染按图案的形状分为串扎和撮扎两类。

串扎的图案如露珠点点、文静典雅。撮扎的图案色彩对比强烈,活泼清新,一般用于较为宽松的服装、围巾等。

(三)主要流派

1. 云南大理扎染技艺

云南大理扎染技艺是传统的染织工艺,在当地又称为"疙瘩花"。大理扎染技艺别具一格，技法主要以折、叠、缝、卷、撮为主，2006 年，被列入国家级非物质文化遗产代表性项目名录。

2. 四川自贡扎染技艺

四川自贡扎染技艺是自贡的"小三绝"之一，是我国民间传统手工艺术的代表之一。其技法是以针代笔、飞针走线。自贡扎染技艺于 2008 年被列入国家级非物质文化遗产代表性项目名录。

3. 江苏南通扎染技艺

江苏南通扎染技艺风格独特，其制品或色彩浓艳、富丽堂皇，或素洁淡雅、朴实大方，或色调明快、纯美清新。

（四）工艺

1. 浸泡
将布料放入缸中，用凉水浸湿。

2. 扎花
根据个人喜好设计，选择扎的方法、样式，把布料变成一串串"疙瘩"，故扎花又叫扎"疙瘩"，常见的有条文扎法、圆圈扎法、画图扎法等。

3. 浸染
将扎花的布料放入染缸中反复浸泡、染制。

4. 漂洗
把染好的布料放入清水中清洗，除去不需要的染色，才能达到设计的效果。

5. 晾干
打开绳结，展开布料，晾干即可。

知识链接

印　花
印花是将设计好的图案做在筛网或滚筒上，在其上涂抹染料，然后在需要的地方印上花色。

七、刺绣

刺绣就是用针线在布、丝绸等纺织品上手工绣出花纹图案的技艺，古代称为"绣花"。刺绣历史悠久，传承有序，一针一线都寄予了人们对美好生活的期盼之情。

（一）刺绣简史

刺绣是中华民族对世界工艺美术技艺的重要贡献，其技艺源远流长。《艺文类聚》说："夏殷桀纣之时，妇人锦绣文绮之坐席，衣以绫纨，常三百人。"可见在距今四千年前，刺绣技艺已经很成熟了。

刺绣最初用于装饰衣服以表示地位尊卑，后来逐渐演化为美化生活的装饰物，并且在民间普及开来。挑花就是一种中国古老的传统刺绣工艺，它分布广泛，如湖北黄梅挑花就具有代表性和影响力，在中国挑花工艺发展史中占主导地位，因此"黄梅挑花"也是民间各种挑花的代表和统称。

汉代，刺绣成为民间崇尚的服饰装饰，绣工精巧，图案多样。魏晋南北朝时期，刺绣品开始用于宗教塑像中。唐代，佛教刺绣品盛行，其色彩瑰丽雄奇，还出现了"平针绣"。宋代，由于朝廷大力倡导，刺绣越发兴盛，更彰显了刺绣的精湛技艺。明代是刺绣发展的迅猛时期，品种丰富、风格各异、争奇斗艳。清代，刺绣空前繁荣，形成了许多具有地方特色的刺绣。苏绣、粤绣、蜀绣、湘绣，被称为"中国四大名绣"，它们各具特色、美不胜收，是民间艺术的瑰宝，2006年一起被列为国家级非物质文化遗产代表性项目名录。

（二）分类

刺绣按传统艺术品可分为闺阁绣、商品绣两类。闺阁绣出于名门闺媛之手，以图画为绣稿，主要用于培养大家闺秀的高雅情趣，不计工本。商品绣属于日常生活用品和馈赠礼品。

刺绣按用途可分为日用品、欣赏品两类。日用品有荷包、被面、枕套、桌围、门帘等。欣赏品有摆件（台屏）、挂件（画片、对联等）、立件（单屏、折屏等）。刺绣的题材有山水、花卉、飞禽、走兽、静物、人物等。

刺绣按观感可分为单面绣、双面绣两类。单面绣又叫一面光，就是在一块布上绣出单面图像。双面绣顾名思义，是指在一块布的正面和反面绣出相同的图案。

（三）主要流派

1. 苏绣
苏绣，是以江苏苏州为生产中心的地域性刺绣品种，精巧逼真、清雅秀丽。

2. 粤绣
粤绣，是以广东广州为生产中心的地域性刺绣品种，色彩明丽、气魄浑厚，曾多次在国际博览会上获奖。

3. 蜀绣

蜀绣又名川绣，是以四川成都为生产中心的地域性刺绣，用针工整，平齐光亮，被称为"蜀中之宝"。

4. 湘绣

湘绣，是以湖南长沙为中心的地域性刺绣，有"绣花能生香，绣鸟能叫声，绣虎能奔跑，绣人能传神"的美誉。

（四）工艺

1. 设计图案

根据需求，设计出相应的图案。

2. 选择材料

选择合适的丝线、绣布、针等材料。

3. 制作底布

选择合适的布料，进行裁剪、熨烫等处理。

4. 描绘图案

将设计好的图案描绘在底布上。

5. 开始刺绣

按照图案和设计要求，使用不同针法进行刺绣。针法是最基本的元素，不同的针法能够营造出不同的纹理和效果。刺绣针法通常包括平针绣、回针绣、锁链绣、缎面绣、乱针绣、打籽绣、盘金绣、钉线绣、网绣、挑花绣、贴布绣、补花绣等十余种。

6. 完成作品

完成刺绣后，对作品进行熨烫、清洗等处理，使作品更加完美。

🔲🔲 知识链接 🔲🔲

古诗词中的刺绣技艺

我国历朝历代流传下来许多赞美刺绣的诗词，比如：

妾有绣腰襦，葳蕤自生光。（汉乐府诗《孔雀东南飞》）

花随玉指添春色，鸟逐金针长羽毛。（唐·罗隐《绣》）

翡翠黄金缕，绣成歌舞衣。（唐·李白《赠裴司马》）

从这些诗句中可以看出，刺绣技艺在我国历史悠久，工艺已达到相当高的水平。

八、编织

编织是把细长的材料交叉、组织起来，做成生产、生活器物的技艺。编织所用原材料均是大自然的植物，其成品能给人天然、质朴的艺术感受。

（一）编织简史

编织技艺历史悠久，传说中上古时期的"结绳记事"就从一个侧面反映了编织技艺与文化活动的密不可分。

先秦时期，我国大部分地区已普及编织技艺，其做工精巧，除了"十"字形和"人"字形纹样，还出现了菱形、梅花形等纹样。

周代时期，用蒲草编制的菀席作为日用品出现。

战国时期，出现了编织的竹席。

汉代时期，编织技艺大为提高。

唐代时期，编织出现不同的地方特色。

宋代时期，浙江东阳的竹编闻名全国。

明清时期，编织更加精巧，特色和风格更为鲜明。

（二）分类

1. 竹编

竹编是以竹篾为原料，利用其富有弹性的特点，将其编织为生活器具和手工艺术品的一种技艺，其成品有不易磨损、牢固耐用的特性。

2. 草编

草编是用各种草料编织生活器具和手工艺术品的一种技艺。草编因材料易取，工艺相对简单，故在民间广为流传。

3. 棕编

棕编是以棕榈树叶为原料编织生活器具和手工艺品的一种技艺。棕编季节性强，人们一般在四月份就要采集棕榈叶，供全年使用。

4. 藤编

藤编是用藤类植物为原料编织生活器具和手工艺品的一种技艺。藤编制品种类繁多，主要有藤席、藤家具等。

5. 柳编

柳编是以柳条为原料编织生活器具和手工艺品的一种技艺。常见的柳编制品有提篮、筐子等。

6. 麻编

麻编是以苎麻等大麻类植物的茎皮纤维为原料编织生活器具和手工艺品的一种技艺。麻织品主要有提包、门帘、鞋垫等。

（三）工艺

编织工艺有编辫、平纹编织、花纹编织等。

1. 编辫是编织技艺中最常见的技法，操作时先将原料做成条束或丝带状，然后一边搓转一边编。

2. 平纹编织是草编、柳编、藤编等的基本技法，将原料按不同方向分为经线和纬线后，连续挑上（纬线在经线上）、压下（纬线在经线下），从而编织出简单图案。

3. 花纹编织是在平纹编织的基础上，利用原料的特性和自然色泽，编织出十字扣、梅花扣等具有立体感和美感图案的一种编织工艺。

知识链接

中国结

中国结，古称"络子"，是我国编织文化的典型代表。

"结"字谐音为"吉"，是祥和之意；另外，"结"字还有和合之意，给人以温馨亲和之感。双蝶结代表比翼双飞，祥云结代表吉祥如意，同心结代表恩爱情深，福字结代表福气满堂，等等。

中国结工艺独特，造型优美，自始至终只由一根红绳编结而成，具有上下一致、左右对称、正反相同、首尾互衔的特点，其造型彰显了中华民族特有的文化气韵。

九、瓷器

瓷器是用瓷石、高岭土、石英石，经 1100 摄氏度以上的高温烧制而成的。中国是瓷器的故乡，瓷器是古代劳动人民的一项重要发明。

（一）瓷器简史

在商代中期，瓷器就出现了，但因技术不够完善，瓷器表面粗糙，厚薄不均，且易脱落，表现出原始性和过渡性，被称为"原始瓷器"。

春秋战国时期的瓷器技术有了很大进步，出现了大量的饮食器皿，如碗、盘、碟。东汉时期的瓷器，以青瓷为代表，加工精致，胎质坚硬，釉面光润，淡雅清新。魏晋南北朝时期，瓷器更丰富，已趋繁盛。隋唐宋时期，出现了"百花齐放"的制瓷局面，色彩交相辉映，灿若云霞。元代，景德镇瓷器的地位开始上升。到了明代，瓷器以景德镇为主流。

（二）分类

1. 青瓷

青瓷是古代瓷器的一个品种。青瓷是在坯体上施以青釉（以铁为着色剂的青绿色釉），在还原焰中烧制而成的。胎色有深灰色、浅灰色、褐灰色等，釉色呈青绿色，早期薄而透明，宋代以后釉层厚而不透明。青瓷在商代中期开始出现，在东汉时期成熟。器物以碗、盘、壶、罐、尊、灯、盏等生活用器为主。中国历代所称的缥瓷、千峰翠色、艾色、翠青、粉青等，都是指这种瓷器。唐代越窑，宋代龙泉窑、官窑、汝窑、耀州窑等都属于青瓷系统。

2. 白瓷

白瓷是中国古代继青瓷、黑瓷之后又一个瓷器品种。与青瓷相比，其胎釉含铁量低，胎色较白，釉色透明或乳浊。白瓷最早出现在北朝晚期的北方地区，隋代正式烧成，在唐代与南方青瓷并立，形成"南青北白"的格局，此后历代不衰。邢窑、巩县窑、定窑、磁州窑、景德镇窑、鹤壁窑、登封窑、耀州窑、萧县窑等众多窑场都有生产。胎土质量不佳的地区，往往借助白色化妆土来制作白瓷。白瓷的出现，是中国陶瓷史上新的里程碑，为以后青花、五彩、粉彩等彩瓷的出现奠定了基础。

（三）主要流派

1. 越窑秘色瓷

越窑是唐代南方烧制青瓷的代表。所谓"秘色"指的是青碧色。将"碧"写作"秘"，表色彩贵重神秘之意。秘色就是形容青翠欲滴的釉色。

2. 定窑白瓷

定窑中心窑厂位于今河北曲阳。定窑白瓷制作精细、别致优雅，有"雪满山中高士卧，月明林下美人来"的韵致。

3. 景德镇彩绘瓷

江西景德镇在明清两代是全国瓷器的生产中心，主要生产青花、五彩等瓷器。

（四）工艺

制作瓷器主要包括以下几个步骤。

练泥：将瓷石和高岭土等原料经过粉碎、淘洗等加工处理后，制成适合制作瓷器的泥料。

拉坯：泥料准备好后，通过拉坯工艺将泥团塑造成坯体的形状。这一步骤需要一定的技巧和经验，以确保坯体的形状和厚度均匀。

印坯：在坯体晾至半干后，使用印模在其表面印制出特定的形状和纹路。

利坯：将坯体进一步修整，使其厚度适当，表面光滑。

晒坯：将加工成型的坯体放置在木架上晾晒，以便进一步干燥。

刻花：使用竹、骨或铁制的刀具在已干或半干的坯体上刻画出花纹。

施釉：根据不同的瓷器类型，采用蘸釉或荡釉的方法在坯体上施釉。对于圆形瓷器，通常采用蘸釉的方法；而对于琢器或大型圆器，则采用吹釉的方法。

烧窑：将施釉后的瓷器放入窑中焙烧，焙烧的温度通常在1300摄氏度左右，燃料多为松柴。在烧窑过程中，需要精确控制火候，以确保瓷器的质量。

彩绘：对于釉上彩瓷器，如五彩、粉彩，在烧成的瓷器釉面上描绘纹样、填彩，然后再次入窑以低温烧烘。

十、青铜器

青铜器是将红铜与锡、铅混合，经煅烧后得到的合金，因陈旧后会生出暗青色的绿锈，所以被后人称为"青铜器"。青铜器工艺品备受人们欢迎，青铜文化源远流长。

（一）青铜器简史

夏代，我国开始进入青铜时代。商代，青铜器技艺逐渐成熟，青铜器数量大幅增加。周代，是青铜器发展的光辉时期，青铜器上开始出现铭文。

春秋战国时期，青铜器的铸造技术达到了顶峰，出现了分铸、焊接、镶嵌等工艺技术，造型多样，图案细致精巧。

秦汉时期，青铜器制造基本上沿袭了战国时期的工艺技术，但又有所发展和变化。钱币和铜镜的铸造分别成为铜器制造业中相对独立的领域，在当时的铜器生产中占有重要的地位。在秦始皇陵墓发掘出土的铜车马，均为青铜器铸件构成，被称为"青铜之冠"。

隋唐宋时期。铜器以制造各类精美的铜镜为主。

明朝时期。嘉靖年间云南省会泽县制造了世界上最大的青铜古钱币"嘉靖通宝"，直径57.8厘米，重达41.5千克。明朝末期，会泽斑铜问世。斑铜是匠人用天然铜矿石，用冷锻成型的方法制作的铜制品，因其表面有璀璨、闪耀的结晶而得名。

（二）种类

青铜器可分为食器、乐器、兵器、杂器四类。

1. 食器

食器用来烹饪食物、盛放供品或酒水等。鼎，相当于现在的锅，用来炖煮食物，大多是三足圆鼎或四足方鼎；簋，相当于大碗，盛饭用；爵，相当于酒杯，带把手，有三个高脚；兕觥，饮酒器，一般是椭圆形或方形，带盖子，盖上有兽头雕刻；匜，盥洗用具，盖前面为虎头，盖面呈琵琶形。

2. 乐器

乐器用来演奏，包括铃、鼓、钟等。

3. 兵器

最常见的青铜兵器有刀、矛、戈、戟、剑等。

4. 杂器

青铜杂器多为日用品，如铜镜、牌饰、灯炉。

（三）工艺

1. 塑模

用陶土塑造出青铜器的基本形状。

2. 制范

用事先调和均匀的细质陶土紧紧贴在泥模表面，阴干后烧制成陶范。

3. 合范

把陶范制成器物的外范，再将制范用的泥模均匀削去一层，制成内表面，称为内范。铜器的铭文就刻在内范上。最后把外范、内范合成一体，外范、内范之间的间距就是青铜器的厚度。

4. 浇注

将铜液注入合范，待铜液凝固后，取出青铜器。

5. 打磨和整形

把铸好的青铜器表面打磨整形，才能使之成为一件精致的青铜器。

知识链接

《考工记》

《考工记》是春秋时期记载手工工艺的著作，是我国现存年代最早的科技文献。其中记录了用青铜冶炼青铜器的方法，即"六齐之法"："金有六齐。六分其金而锡居一，谓之钟鼎之齐；五分其金而锡居一，谓之斧斤之齐；四分其金而锡居一，谓之戈戟之齐；三分其金而锡居一，谓之大刃之齐；五分其金而锡居二，谓之削杀矢之齐；金锡半，谓之鉴燧之齐。"大意是：青铜器有六种调配铜锡比例的方法。锡占六分之一，是铸造钟鼎的比例；锡占五分之一，是造斧头的比例；锡占四分之一，是铸造戈戟的比例；锡占三分之一，是造大刀的比例；锡占二分之一，是制作箭头的比例；锡占一半，是制造铜镜的比例。专家曾对商周时的青铜器进行定量分析，钟鼎类器物合金中锡的比例与该书的记载一致。

十一、玉器

通俗地讲，玉是一种石头，但玉石在质地、质量、硬度、色泽、声音等自然属性方面又区别于普通石头。玉外观色泽温润，有一定透明度，且坚硬致密，刀刮不动，敲击时声音清脆且悠扬。玉石一般分为硬玉和软玉两种，硬玉又称翡翠，软玉又称真玉。玉器指玉石制成的器具。我国有"玉石之国"的美称。

（一）玉器简史

人类在新石器时代开始磨制石器。在这一时期，玉器从石器中开始分化出来，代表性玉器有玉猪龙。

夏商周时期，随着生产力的发展，私有制产生，文字出现，推动了玉器的发展。典型的玉器有玉戈、玉刀、玉钺、玉圭、玉璋、玉柄形器等。

春秋战国时期，玉器工艺达到了巅峰，儒家认为君子佩玉是有德的表现。

秦汉时期有了更为精致的玉壶、玉玲等。

唐宋时期，出现了金镶玉步摇、玉带等装饰玉。

元明清时期开始盛行玉摆件，主要有玉山子、玉屏风、玉兽、玉人等器物。

（二）种类

玉器按不同用途，可分为礼器、葬玉、配饰、生活用具、陈设玉五类。

1. 礼器

玉做的礼器是我国古代用于祭祀、朝享、交聘、军旅等活动时所用的玉器，主要的礼器有六种，即玉璧、玉琮、玉圭、玉璋、玉璜、玉琥。唐代时出现了玉册和玉哀册。

2. 葬玉
葬玉是陪葬玉器，如玉衣、玉琀、玉塞、玉握。

3. 佩饰
玉佩饰种类繁多，大致可分为头饰、耳饰、项饰、手饰、身饰几大类。

4. 生活用具
玉做的生活用具有玉杯、玉盘、玉碗、玉壶、玉灯等。

5. 陈设玉
陈设玉主要有玉山子、玉如意、玉屏风、玉石盆景等。

（三）工艺

1. 开玉
把包裹玉料的石头外表削掉，切削的主要工具是条锯。

2. 琢玉
将玉料琢制成器物的大致轮廓。先将玉料切成方块或方条，然后冲去棱角，最后再磨细器物表面。

3. 掏玉
把已琢好外形的玉器掏空内膛，形成内空的器物。

4. 钻玉
用金刚钻在玉器的外表雕琢花纹。

5. 磨玉
对雕琢好的玉器表面进行磨光，使玉器发出光泽。

知识链接

玉之五德

玉是石中之精华，蕴含着天地灵气。古人说："玉石之美，有五德。"古人以玉对应人的五种良好品行：第一，玉温润细腻，人若玉温润，则为仁者；第二，玉的内部没有杂质，人若玉表里如一，则为忠义；第三，玉在受到敲击时会发出清亮悠扬的声音，人若玉德音远播，则是有识之士；第四，玉韧性好，遇到强力也不会轻易变形，人若玉不折不挠，则是勇士；第五，玉即使断裂，也不锋利，不会伤人，人若玉与世无争、于人无害，更显洁身自好。"君子比德于玉"这句话就是告诉人们，如果能做到仁、义、智、勇、洁这五点，便是当之无愧的君子了。

十二、金银器

黄金、白银是极贵重的金属，自古以来就被人们视为财富、地位和权力的象征，人们用这两种金属材料制出了许多器物，从高级的艺术品到生活日用品，应有尽有。

（一）金银器简史

夏商周时期，人们已能制出真正意义上的金银饰品，中华民族璀璨的金银器文化也由此开启。

春秋战国时期，金银器的加工工艺得到了进一步发展。

秦汉时期，金银器数量增多，质量普遍提高，风格多样。

魏晋南北朝时期，金银器加工越来越精湛，器形、图案不断创新。

隋唐宋时期，金银器品种繁多、轻薄精巧、典雅秀美、花纹多样。

元明清时期，皇家御用的各种金银器具制造水平达到了巅峰。明代定陵出土的一顶皇后金冠，镶嵌了五千多颗珍珠，一百多块宝石，堪称稀世珍宝。

（二）种类

金银器的种类可分为饰品、日常器具和特殊用品。

1. 饰品

饰品包括项圈、项链、耳环、戒指、手镯等。

2. 日常器具

日常器具包括杯、壶、瓶、觞、盏、碗、盘等，也包括香炉、烛台等。

3. 特殊用品

特殊用品包括象征权力的王冠、权杖，用来交易的钱币，奖励功绩的勋章，丧葬用的棺椁、衣饰以及宗教器物等。

（三）工艺

1. 范铸

范铸是指将金银融化，采用磨具浇筑的方法制造金银器的工艺。

2. 锤铸

锤铸是指把金银块敲打成金片、银片，再按要求将其做成器物的工艺。

3. 焊接

焊接是指将金银器需要连在一起的两部分，焊在一起。

4. 雕刻

雕刻指在金银器成形后，将其雕刻出花纹。

5. 拉丝

拉丝是指将金银剪成细条，扭搓成丝。

6. 抛光

抛光是指将纯金和汞按一定比例混合，均匀地涂在器物上并进行烘烤，使器物更加华丽美观的工艺。

精美的金银器物，映射着中华民族的智慧之光，彰显着中华优秀传统文化的博大精深。

▱▱ 知识链接 ▱▱

金错刀

　　王莽时期铸的一种货币，称为"金错刀"。据史料记载：字为阴刻，字陷处用黄金填充，经打磨，使字面与钱面平齐。币面上铸有"一刀平五千"五个字，这里"平"是"值"的含义，即表示一枚刀币的价值等于五千。

十三、造纸术

造纸术是我国的四大发明之一。在纸还没有发明之前，人们记事就刻在甲骨上或写在竹简、绢帛上，这些材料或昂贵或笨重，也不便存放。后来，先民发明了造纸术，从此才有了专用于书写的理想载体。

（一）造纸简史

秦汉时期，人们开始用捶打、捣碎等方式处理废旧麻布等原料，制成了最早的麻纸。到了东汉时期，蔡伦选用树皮、旧渔网、麻布为原料，制成了薄纸，在民间被大力推广。

魏晋南北朝时期，造纸原料不断丰富，造纸工艺不断改进，促进了民间用纸的兴盛。

隋唐宋时期，各地就地取材，对造纸工艺进行改进，生产出了种类繁多而又具有地方特色的纸张品种。此外，染色纸、涂布纸等也在这一时期涌现。

元明清时期，人们用纸张制造成纸布，向世界彰显了我国古代的造纸业水平。

（二）种类

古代造纸原料可分为植物纤维类、动物纤维类、矿物纤维类等。

（1）植物纤维类有大麻、竹、稻草、麦秆、芦苇、玉米秆等。

（2）动物纤维类有羊毛、蚕丝等。

（3）矿物纤维类有石棉等。

（三）工艺

1. 制浆

制浆时，用浸泡的方法使原料自然发酵，再放入石灰，加热蒸煮，以促进纤维分解。

2. 打浆

打浆时，用工具捣打纸浆。

3. 抄纸

用竹帘从纸浆槽中把悬浮的纤维捞起。

4. 晒干压平

把湿纸晒干或晾干，然后压平为可用的纸张。

知识链接

造纸术的传播

造纸术被蔡伦加以改进后，先是在中国各地普遍传播，后走出国门。4世纪传到了朝鲜半岛、日本和越南；8世纪传入西亚、北非，后来传到了欧洲；到19世纪中叶，造纸术已传遍世界，推动了人类文明的发展。

十四、印刷术

作为中国古代四大发明之一的印刷术的问世，是人类文化传播领域的一场革命。它不仅改变了人类文化传播的方式，还极大地推动了科学技术的发展，促进了人类文明的进步，值得每个中国人自豪。

汉字之美

（一）印刷术简史

印刷术起源于先秦时的印章和石刻。

唐朝时期，雕版印刷术应运而生，用于印刷佛经及佛像。两宋时期，雕版印刷术达到鼎盛。毕昇发明了胶泥活字印刷术。

明清时期，人们已用多种材料制作活字，除了胶泥活字，还有木活字、铜活字，其所印书籍字体工整、制作精致、品质较高。

（二）种类

（1）雕版印刷术，指将文字或图像反向雕刻在木版上，然后在木版上刷墨、铺纸、施压，使木版上已刻的文字或图像转印到纸张上的工艺技术，又称"版刻""梓刻"等。

（2）套版印刷术，即在同一页面上用颜色不同的版分次印刷，在一页纸上印出不同的颜色。

（3）活字印刷术，是由北宋工匠毕昇发明的，先制作胶泥活字，再进行排版印刷的一种印刷技术。这一技术提高了印刷的效率，促成了中国印刷术的一大飞跃。

（三）工艺

1. 雕版印刷术工艺

（1）写版。书稿编写完成后，把要印的字按照一定的版式写在薄纸上，校对确认无误后，反贴在木版上。

（2）雕版。根据每个字的笔画顺序逐字雕刻，将文字或图案雕刻在木版上。

（3）印刷。先将印版固定在刷印台上，用棕刷蘸上墨，在印版上均匀地刷，随即把白纸铺在印版上，拿刷子在纸背上轻轻地、均匀地刷，印版上的文字或图像就会转印到纸张上，一页书就印好了。

（4）装帧。将印好的成品装订成卷册，一本书的印刷就完成了。

2. 套版印刷术工艺

套版印刷术分为双色套印和多色套印。双色套印一般可印出黑、红两色文字，多色套印则可印刷出三色或更多颜色的文字。具体的做法是：根据每一页颜色不同的部分所占书面规格的大小，分别刻成不同的版，然后在各版上涂上相对应的颜色，分次在同一页纸上印刷，便可印出不同的颜色。

3. 活字印刷术工艺

（1）制作。先在胶泥块上面刻字，每字刻一印。

（2）存放。按字韵将活字分类放在木格子里。

（3）排版。用一块带框的铁板作底托，上面敷一层松脂蜡和纸灰的混合物，把需要的胶泥字一个个排在框内，用火加热，用一块平板把字面压平，使活字牢固、版面平整成为型版。

（4）印刷。印刷的时候，在型版上刷墨、铺纸、轻压。

（5）取字。印完后，再次用火加热，使混合物熔化，取下活字，再放回到原来的木格里，以备后用。

知识链接

拓　本

拓本，是将纸覆盖在金石、碑碣上，用墨或其他颜色将器物上的图文信息拓到纸上的印刷品，实物最早见于唐代。拓本有多种类型。按墨色分：用墨色拓印的叫"墨拓本"，用朱色拓印的叫"朱拓本"。按拓法分：用白色宣纸蘸墨重拓，墨色深黑有光的称为"乌金拓"，用薄纸蘸墨轻拓，墨色淡雅匀净的称为"蝉翼拓"。

十五、酿酒

我国是世界上酿酒最早的国家之一。酒在人类文化的历史长河中，不仅仅是一种客观的物质存在，还是一种文化的象征。

（一）酿酒简史

远在旧石器时代，我们的祖先就用野果自然发酵酿酒了。到了秦汉时期，酿酒业相当发达。南北朝时期，酿酒的技术已达到很高的水平。唐宋时期，人们喜欢葡萄酒。元明清时期，人们多酿高度白酒。我国酿酒的文献资料较多，如朱肱的《酒经》。

（二）种类

我国的白酒芳香浓郁，风味多样，历史悠久，在世界上独树一帜。根据所用糖化工艺、发酵菌种和酿造工艺的不同，它可分为大曲酒、小曲酒、麸曲酒三大类，其中麸曲酒又可分为固态发酵酒与液态发酵酒两种。

白酒俗称烧酒，一般酒精度在30%以上。中国最有代表性的白酒是贵州茅台镇生产的茅台酒和四川宜宾市生产的五粮液酒，此外，汾酒、剑南春、泸州老窖、郎酒、古井贡酒、洋河大曲、全兴大曲、沱牌、西凤酒、杜康酒、董酒等名酒也各具特色，深受人们喜爱。

（三）工艺

（1）配料蒸煮。将选用的酿酒原料按比例配置，粉碎加工拌匀，加水适度浸泡，然后蒸煮。

（2）加曲发酵。将入甑蒸煮适度的原料取出，除去少量水分，降低温度。在温度、湿度适中的条件下，均匀拌入酒曲粉，装入发酵缸密封发酵。

（3）蒸馏出酒。将发酵约21天的酒醅用竹篓抬至甑锅边，按照"稳、准、细、匀、薄、平"的原则装入甑锅，加热蒸馏即出白酒。

（4）接酒勾兑。流酒时应按照"缓气蒸馏，大气追尾"的原则进行操作，接酒时应依照酒花大小程度来判别酒头、原酒和酒尾。酒头、原酒和酒尾都要分级分缸储存，一般储存6个月以上，再经过调酒师勾兑，成为不同系列的品种，此时饮用口感较好。

酒的质量和口感由原料和酿酒技艺决定。此外，水源也很重要，同样的原料、同样的技艺，用不同的水源酿出的酒也有不同的口感。

知识链接

古代酒器

古代酒器制作材料多样，有陶器、瓷器、漆器、青铜器、银器等。酒器种类也很多，有壶、钵、瓶、杯、碗等，形状有人、鸟、鸢、牛、羊、虎等，令人眼花缭乱。

十六、烹茶

中国是茶叶的故乡，被称为茶的国度。我国古人在烹茶、饮茶的过程中，主要讲究"五境之美"，即茶叶、茶水、火候、茶具、环境之美，同时配以饮茶者的修养、情绪等，以求"味"和"心"的最高享受。

茶文化（上）

（一）烹茶简史

传说早在四五千年前的神农时代，就有"得茶而解毒"之说。唐朝之前的茶，除了作药物，在很大程度上还作为食物出现。《广雅》中提到用葱、姜、橘皮等作料与茶一起煮，煮熟后食用。唐朝时期，人们对茶的质量、茶具、用水、烹煮越来越讲究，开始注重茶叶原有的色、香、味。宋朝时期，人们讲究茶汤要色、香、味俱佳。明朝时期，制茶工艺革新，团茶被散茶代替，茶的饮用方法也变成用沸水冲泡。到了清朝时期，无论是茶叶、茶具还是茶的冲泡方法已与现代无异。

茶文化（下）

（二）种类

根据茶叶的制造方法和品质上的差异，一般将茶叶分为绿茶、红茶、青茶（乌龙茶）、白茶、黄茶和黑茶六大类。

（1）绿茶类，属不发酵茶。这类茶的颜色是翠绿色的，泡出来的茶汤是绿黄色的，味道清淡微苦，如碧螺春、西湖龙井、黄山毛峰。

（2）红茶类，属发酵茶。这类茶的颜色是深红色的，泡出来的茶汤呈现朱红色，味道略带涩味，如祁门红茶、滇红、宁红。

（3）青茶类，属半发酵茶，俗称"乌龙茶"。这类茶的颜色呈深绿色或青褐色，泡出来的茶汤则是蜜绿色或蜜黄色的，味道回甘同时略带苦涩，如冻顶乌龙、闽北水仙、铁观音、武夷岩茶。

（4）白茶类，属部分发酵茶。这类茶由茶树的嫩芽制成，细小的芽叶上面盖满了细小的白毫，泡出来的茶汤呈象牙色，味道清甜、甘醇，如白毫银针、白牡丹。

（5）黄茶类，属部分发酵茶。这类茶有黄叶黄汤的特点，如蒙顶黄芽、霍山黄芽。

（6）黑茶类，属后发酵茶。这类茶虽名黑茶，但泡出来的茶汤不一定是黑色，有的是呈酒红色、橙黄色或褐色，如普洱茶、湖南黑茶。

（三）工艺

唐朝是我国饮茶历史上的鼎盛时期，在饮茶方式上有煎茶、庵茶、煮茶等。

煎茶大致可分为三步：一是将茶叶进行炙、碾、罗。炙即烤茶，烤茶讲究控制火候；碾茶是将烤后的茶叶用木制器具碾成米粒状；罗茶是将碾好的茶叶装入盒内备用。二是煮茶，包括烧水和煮茶两道工序。烧水煮茶过程有三沸：水如鱼目，气泡微有声时称一沸；水边气泡如涌泉连珠称二沸；茶汤气泡如腾波鼓浪称三沸。一沸加入适量的水，二沸时将水舀出一瓢，再用竹夹搅水成漩涡状，将备用茶末倒入漩涡中，三沸时将舀出的水倒回止沸，以培育茶汤沫饽。三是酌茶，即斟茶。先将煮沸的如黑云母状的水沫舀出倒掉，再舀出一瓢茶汤存入"热盂"内，以作培育沫饽、抑止沸腾用。多人饮茶时，茶味浓的沫饽要调配均匀，茶才能被众人享用。

庵茶也叫"淹茶"，是将茶饼碾碎、烤干，然后放在茶器中，灌上沸水浸泡后饮用。

煮茶法，即把葱、姜、枣、橘皮等与茶放在一起煮沸饮用。

知识链接

盖 碗

　　盖碗在清代颇受宫廷皇室、贵族及许多名士的钟爱。盖碗一般是一式三件，下有托，中有碗，上置盖，又称"三才碗"。"三才者"，天、地、人也，蕴含古代哲人"天盖之、地载之、人育之"的道理。盖碗既可闻香、观色，又可品茗，主要用于品饮花茶及绿茶，质地以瓷质为主，以江西景德镇出产的最为著名。

·拓展活动·

活动项目：剪纸

全班同学进行剪纸比赛。

活动准备：

1. 场地：班级教室。

2. 道具准备：剪刀、纸张。

活动流程：

1. 进场。全班同学携带道具进入教室。

2. 比赛。

3. 收集比赛作品。

4. 教师评出一二三等奖。

5. 教师总结。

活动评价：

序号	评价指标	评价要求	效果评价（是／否）
1	自我评价	作品美观、主题健康	
2	同学评价	手工熟练、制作流畅	
3	教师评价	准备充分、积极主动	

活动反思：

1. 你在这次活动中遇到了哪些问题，是如何解决的？

2. 你对在本次活动中自己的表现感到：

　　非常满意 ☐　　一般满意 ☐　　不满意 ☐

第六章 华夏瑰宝

经典导入

琵琶行（节选）

唐·白居易

浔阳江头夜送客，枫叶荻花秋瑟瑟。

主人下马客在船，举酒欲饮无管弦。

醉不成欢惨将别，别时茫茫江浸月。

忽闻水上琵琶声，主人忘归客不发。

寻声暗问弹者谁，琵琶声停欲语迟。

移船相近邀相见，添酒回灯重开宴。

千呼万唤始出来，犹抱琵琶半遮面。

转轴拨弦三两声，未成曲调先有情。

弦弦掩抑声声思，似诉平生不得志。

低眉信手续续弹，说尽心中无限事。

轻拢慢捻抹复挑，初为《霓裳》后《六幺》。

大弦嘈嘈如急雨，小弦切切如私语。

嘈嘈切切错杂弹，大珠小珠落玉盘。

间关莺语花底滑，幽咽泉流冰下难。

冰泉冷涩弦凝绝，凝绝不通声暂歇。

别有幽愁暗恨生，此时无声胜有声。

银瓶乍破水浆迸，铁骑突出刀枪鸣。

曲终收拨当心画，四弦一声如裂帛。

东船西舫悄无言，唯见江心秋月白。

议一议

我国的传统乐器、舞蹈、戏曲、曲艺、书法、绘画历史悠久，为人们所喜闻乐见，可谓华夏瑰宝。本章我们就一览其风采。

知识探究

瑰宝指的是贵重而美丽的宝物、稀世之珍宝，也指特别珍贵且具有极高的历史、文化、艺术和科学价值的精神财富。在华夏大地上，劳动人民为满足自己的审美需求而创造的传统艺术形式多样，各具特色，且往往具有鲜明的地方特色和民族风格，其与民俗活动密切结合，与人民生活密切相关。这些艺术形式经过各族人民不断的改良和时间的沉淀，已经成为中华民族艺术大家庭中重要的组成部分。

一、乐器

乐器是随着人类生产、生活的发展进步而被发明出来的发声器具。不同民族因生活环境和文化不同，发明、使用的乐器也不同。华夏大地以灿烂的文化、辽阔的疆域孕育了美妙的音乐，产生了众多乐器，向世界展现了中华民族伟大的智慧和非凡的创造力。

（一）乐器简史

远古时期人们的劳动工具就是最早的乐器。劳动者将个人情感倾注其中，以劳动工具发出高低、快慢不同声音。

原始社会晚期，专门的乐器出现。传说伏羲氏取桐木，根据四季和阴阳五行的变化制作出了琴和瑟。

夏商时期，乐器的种类逐渐增多，出现了多种传统乐器的雏形。

春秋战国时期是我国乐器发展的第一个高峰期，多种乐器得以发展和改进，如鼓、钟、筑、笙、笛、琴、瑟、筝。

秦汉时期，琴逐渐从伴奏乐器中独立出来，成为独奏乐器，还出现了筑、角、箜篌等乐器。

魏晋南北朝时期是传统乐器发展中承前启后的重要时期。中原与西域的音乐文化融合，促进了传统乐器的发展。

隋唐宋时期，许多乐器得到改良，出现了奚琴等新乐器。

元明清时期，乐器有了较大的发展，在多种音乐形式中被广泛运用。

（二）分类

传统乐器按制作材料可分为金、石、土、革、丝、木、匏、竹八类，俗称"八音"。

（1）金类：用金属制成的乐器，如钟。

（2）石类：用石制成的乐器，如石磬。

（3）土类：用陶制成的乐器，如埙、陶笛、陶鼓。

（4）革类：用皮革蒙面制作的各种鼓，以建鼓和悬鼓为主。

（5）丝类：弦是用丝制成的乐器，如琴、瑟、琵琶。

（6）木类：用木制成的各种打击乐器，如木鼓、敔。

（7）匏类：用葫芦类植物的果实制成的乐器，如笙。

（8）竹类：用竹制成的吹奏乐器，如笛、箫。

传统乐器按演奏方式可分为吹、拉、弹、打四类。

（1）吹，即吹奏乐器，如箫、笛、笙。

（2）拉，即拉弦乐器，如二胡、马头琴。

（3）弹，即弹拨乐器，如筝、古琴、琵琶、阮。

（4）打，即打击乐器，如鼓、碰铃、锣。

乐器的发展、使用与社会生产力的发展有着密切的关系。人们掌握了较高水平的冶炼技术后，石磬才可能演变成金属磬，钟也得以出现；养蚕业和缫丝业发展后，才可能产生"丝附木上"的琴、瑟、筝。乐器在不断发展，其实用性也在提升，人们开始用它们来传递一些特定的生活信息，如击鼓出征、鸣金收兵、晨钟暮鼓、打更报时、鸣锣开道、击鼓升堂。

乐器为人所造，为人所用。不同的乐器有不同的演奏效果，因此人们习惯使用不同的乐器来表现不同的情感。中国的民族器乐丰富多样，可表达热情、欢快、壮观、深沉等种种情感，且表现情感细腻、丰满。

回回 **知识链接** 回回

《斫琴图》

　　《斫琴图》是东晋著名画家顾恺之的佳作，描绘的是古代文人斫琴的情景。斫琴是制作古琴的一种工艺技术。《斫琴图》中共绘有14人，其中僮仆5人，他们或侍立，或捧物，或背袋运物；斫琴的9位文人则多坐于兽皮或席毯上，他们长眉修目、风度优雅、表情静穆，或挖制琴板，或上弦听音，或制作部件，形象生动、情态不一，颇具艺术表现力。文人斫琴，不仅是要像工匠一样打造一把好琴，更多的是体现对自由和美好生活的追求。画中的琴面与琴底两板清晰分明，琴底开有龙池、凤沼，说明当时的琴已由挖薄、中空的两块长短相同的木板上下拼合而成，这对研究古琴有极大的价值。

回 二、舞蹈

　　舞蹈是人类最古老的艺术形式之一。在漫长的历史进程中，我国逐渐形成了具有独特东方神韵的舞蹈文化。

（一）舞蹈简史

　　夏朝开始出现职业舞蹈表演。商朝为舞蹈增加了娱乐和教化功能。

　　周朝设立"大乐司"，专门负责乐舞，以和邦国，以谐万民。春秋战国时期，民间歌舞迅速发展。孔子整理的"诗三百"，集诗、歌、舞于一体。

　　秦汉时期，生产力水平的提高带动了舞蹈的大发展。汉承秦制，舞蹈开始和高难度的杂技相融合，出现了盘鼓舞、袖舞等形式。

　　魏晋南北朝时期，民间歌舞融入雅乐，著名歌舞有《明君》《拂舞》等。

　　隋唐宋时期，宫廷宴舞进一步发展。唐朝的舞蹈具有很高的成就，拥有宏大的演出规模，融合多国、多民族文化元素的舞蹈演出形式，雅俗共赏。它表现了人们对丰收的祈求、对天地祖先的崇拜以及对人类的赞美，赢得了人们的喜爱，从最高统治者到百姓无不好之，传统舞蹈的发展达到了一个高峰。宋代舞蹈独辟蹊径，以独特的方式创造出新的舞蹈形式，如具有程式性特征的"队舞"。王建《宫词》有云："青楼小妇研裙长，总被抄名入教坊。春设殿前多队舞，朋头各自请衣裳。"

　　元明清时期，戏剧艺术逐渐成熟，推动了舞蹈的发展。舞蹈进入了前所未有的繁盛时期。

（二）分类

舞蹈从功能上可划分为祭祀舞、宫廷舞、民间舞三类。

1. 祭祀舞

祭祀舞出现在原始社会时期，是舞蹈形成初期的常见形式。它来源于原始部落的图腾崇拜和巫术仪式。

2. 宫廷舞

宫廷舞多由宫廷中的艺人根据民间舞蹈改编而成。

3. 民间舞

民间舞多为世代相传，经过人民群众的不断创作加工，是富有趣味的大众娱乐活动，也是民间习俗的重要组成部分。

舞蹈离不开舞具。我国民间舞的舞具繁多，妙趣横生。各色舞具体现出民间舞的特色。手绢、扇子、长绸、碟、碗、筷子、灯、伞、高跷、旱船、小车、花轿、竹马、烟盒、笠帽、竹竿、鱼龙、狮子，以及各种面具，几乎与生活相关的器具都可以拿来作舞具。制作舞具的材料繁多，有彩纸、彩绸、竹、木、骨、金属等；工艺有裱、糊、缝、扎、雕刻等。舞具通过对人肢体的延伸、制约、遮盖来凸显舞蹈要表现的形象。如少女手中的扇子、手绢左右翻飞，可开、合、推、拉、抖、拧、抛、接，有如花丛中飞舞的蝴蝶；雄浑的狮舞则通过狮头、狮身、狮尾等舞具，尽显兽王的威武与灵秀。最注重以舞具遮掩人体、强调群体配合的舞蹈莫过于龙舞，如重庆铜梁的大蠕龙、广东汕尾的滚地金龙、福建三明的板凳龙、浙江长兴的百叶龙。遍布华夏大地、形式多样的龙舞，显示了龙的传人的群体意识和腾飞精神。

▢▢ 知识链接 ▢▢

古代乐舞机构：教坊

教坊是我国古代训练和管理宫廷音乐表演人员的专门机构，负责雅乐之外的音乐、舞蹈、百戏的演出等。教坊始设于唐代，它的设置与唐代社会经济和文化的大发展、大繁荣有密切关系。

唐玄宗时期，长安教坊中的从业者多达 1 万多人，并按技艺高低分为若干等级。宋代沿袭了唐代旧制，也设教坊，教坊下分四部，各部使用的乐器不同，擅长的曲目也不同。元代也设置教坊。明代设置教坊司，隶属礼部。清雍正年间，该机构被废除。

三、戏曲

戏曲是一种历史悠久的综合舞台艺术形式，将唱、念、做、打结合在一起，使文学、美术与表演融合为一，再现了千姿百态的人生和历史场景。中国戏曲和古希腊戏剧、印度古典梵剧并称为"世界三大古老戏剧剧种"。

戏曲

（一）戏曲简史

原始社会时期，人们为了纪念战争胜利、驱鬼除疫等，往往以歌舞来祭祀神灵。后来，祭祀歌舞逐渐演变成了供人娱乐的歌舞，戏曲开始萌芽。

秦汉时期出现了有一定故事性的戏曲，如《东海黄公》，但其情节多不完整。

魏晋南北朝时期，戏曲增强了角色扮演、叙事功能，出现了"参军戏"。

唐代，划分角色的"参军戏"兴盛，出现了培养专业戏曲演员的机构——梨园。宋代，以鼓子词、小唱等为代表的说唱艺术，以说经讲史等为代表的说话艺术，以跳索、藏剑等为代表的杂技艺术得到全面发展。

元代，戏曲创作和演出空前繁荣，最终形成了元杂剧。这一时期涌现出了一批著名剧作家，如关汉卿、王实甫，他们创作出了《窦娥冤》《西厢记》等戏曲佳作，对后世戏曲的发展产生了深远影响。明清时，各地剧种广泛兴起，昆曲由此诞生，风靡大江南北。乾隆年间，地方剧种百花齐放，"南昆北弋，东柳西梆"的格局逐渐形成。随后，各剧种演员搭班演出，孕育出集中国戏曲之大成的剧种——京剧，卓越的艺术人才不断涌现，达到前所未有的境界。

（二）分类

我国各民族、各地区的戏曲剧种共有三百多个，知名的有昆曲、京剧、越剧、豫剧、黄梅戏、评剧、川剧等。

1. 昆曲

昆曲又称昆山腔、昆腔、昆剧等，是我国戏曲的古老剧种之一。昆曲唱腔婉转、念白儒雅、表演细腻、舞蹈飘逸、布景华丽，其最大特色是抒情性强，歌唱与舞蹈身段结合得巧妙而和谐，在戏曲表演的各个方面都达到了极高的境界。2001 年，联合国教科文组织宣布昆曲为"人类口头和非物质遗产代表作"。

2. 京剧

京剧又称京戏，是流行于全国的极具代表性的戏曲剧种。脸谱是京剧艺术中一道独特的风景线。脸谱的作用主要是暗示人物性格，观众根据脸谱便可明辨忠奸善恶。

3. 越剧

越剧在发展过程中，融合了昆曲、绍剧的特色，以真切细腻的表演、委婉动听的唱腔、唯美典雅的风格赢得了广大观众的喜爱，并逐渐发展为在全国范围内广泛流传的戏曲剧种。

4. 豫剧

豫剧又称河南梆子，特色为真声演唱、唱腔流畅、吐字清晰。

（三）角色行当

分角色行当扮演不同的人物是中国戏曲特有的表演形式。实践戏曲表演要塑造一系列人物形象，对性格相近的人物形象的塑造，在长期的艺术磨炼中形成了相似的表演程式，并最终形成了各具性格色彩的形象系统，即角色行当。角色行当一般分为生、旦、净、末、丑几类，后来末行逐渐并入生行，最终形成了生、旦、净、丑四大行当。

生是剧中的男主角，按人物年龄、身份的不同，又分为老生、小生、武生、娃娃生。老生主要扮演中年以上、性格正直刚毅的正面人物，因口挂长长的假胡须，故又叫"须生"；小生主要扮演年轻男性；武生主要扮演擅长武艺的青壮年男性；娃娃生主要扮演男性儿童。

旦是剧中的女主角，又可分为正旦、花旦、闺门旦、武旦、老旦、彩旦。正旦主要扮演举止端庄的青年或中年女性；花旦主要扮演天真活泼或泼辣的青年女性，常带有喜剧色彩；闺门旦主要扮演少女；武旦主要扮演勇武的女性；老旦主要扮演老年妇女；彩旦主要扮演滑稽或奸刁的女性，又称"丑旦"。

净，俗称花脸、花面，主要扮演性格粗犷豪放的男性，如张飞、曹操、包拯。按扮演人物的身份和性格特征，净角又分为两大支系：一是以唱功为主的大花脸，又称正净；二是以做功为主的二花脸，又称副净。

丑，又叫小花脸、三花脸。按扮演人物的身份、性格，丑角又分为文丑和武丑两大支系。文丑扮演帝王将相、文吏儒生、花花公子、普通百姓等；武丑主要扮演武艺高超而性格滑稽的人物。

（四）基本功

戏曲演员应具备的基本功有四项：唱、念、做、打。

唱，即歌唱，是塑造戏曲人物的重要艺术手段，往往将节奏、旋律、感情等自然融为一体。

念，即念白，是表达人物思想感情的重要手段。念白是一种具有音乐性的语言，具有节奏感和韵律美。

做，即身段、动作的表演，与唱、念相配合，既渲染了气氛，又描绘了情态。

打，即武功，是对生活中格斗场面的艺术表演。打可分为把子功和毯子功。把子功是指用刀、枪、剑、戟等兵器对打或独打，毯子功是指在毯子上做翻滚跌扑等动作。

📖 知识链接 📖

戏曲术语

亮相：戏曲表演的一种程式活动，指剧中人物在第一次上场（有时也用于下场），或一段舞蹈、武打完毕时，在一个短暂的停顿中所做的形体造型，目的是突出角色情绪，加强戏剧气氛，现用来指公开露面或表演。

叫板：戏曲中指对念白的最后一句的节奏做特殊处理，以便引出下面的唱腔，有时也指用动作提示接下来唱段的伴奏，现用来比喻向人挑战。

行头：戏曲演员演出时用的服装，现泛指服装。

跑龙套：在戏曲中扮演随从或兵卒的角色。龙套是戏曲中成队的随从或兵卒所穿的戏服，因绣有龙纹而得名。"跑龙套"现在用来比喻在他人手下做无关紧要的事情。

四、曲艺

曲艺是各种说唱艺术的总称，以说讲和歌唱为主要手段，辅以动作、表情、口技等来叙述故事、反映生活。曲艺的内容贴近人们的日常生活，形式丰富多样，深受人民群众的喜爱，在我国文艺发展史上有十分重要的地位。

（一）曲艺简史

曲艺是由民间口头文学和歌唱艺术经过长期发展演变而形成的独特艺术形式，与古代民间的故事、笑话和叙事诗歌等有一定渊源。

秦汉时期，民间的讲故事和说笑话，宫廷中的弹唱、歌舞和滑稽表演，就已含有曲艺的因素。

唐代，曲艺开始成为相对独立的艺术形式，城市里出现了讲说小说的艺人，他们的活动可算是初具形态的曲艺表演。

宋代，由于商品经济迅速发展，市民阶层壮大，人们对民间艺术有了更多的需求，说唱艺人得以在勾栏一类的专门场所进行表演。这一时期出现了众多职业艺人，他们中的一部分具有较高的文学艺术修养，创造出了鼓子词、唱赚等艺术形式。

元代，勾栏依然存在，艺人们把对现实的不满寄寓在对历史故事的讲述中，话本篇幅较长的平话受到欢迎。

明清时期，说唱艺术日益繁荣兴盛，现今流行的大部分曲艺都形成于这一时期。

（二）分类

中国曲艺种类繁多，根据艺术风格的不同，大体可分为平话、相声、快板、鼓曲四大类。

1. 平话

平话指由一人演说，只说不唱，通过叙述情节、模拟人物等手段讲述故事并加以评论的曲艺形式。平话的语言较口语化，形象生动。以平话艺人口气叙述称作"表"，模拟故事中人物的言谈举止称作"白"，评论故事中人物思想、行为称作"评"。艺人表演平话时兼顾此三者，才能使所讲的故事娓娓动听，引人入胜。平话的艺术手法有四种。①开脸儿。这是在叙述人物形象时使用的手法，让人们听后能想象出人物形象。②摆砌末。这是在交代故事中人物活动的场合和背景时使用的手法。③赋赞。这是在赞美人或景时使用的手法，能给听众以美的享受。④垛句。这是在加强语气、增强气氛时使用的手法，能给听众留下深刻的印象。

2. 相声

相声是以说笑话、滑稽问答、说唱、模仿等表演方式引人发笑的曲艺形式。相声有针砭时弊、惩恶扬善的优良传统，其主要功能是揭露和鞭挞腐朽落后的事物，或讽刺、批判社会中的不良现象。相声演员的四大基本功是说、学、逗、唱。"说"是指说笑话、绕口令等；"学"是指模仿叫卖声，唱腔和人物的语言、风貌等；"逗"是指能以滑稽口吻制造笑料；"唱"是指唱太平歌词、开场小曲。相声的类型有单口相声、对口相声、群口相声三种。

3. 快板

快板是一边用竹板打节拍，一边说唱故事的曲艺形式。快板由数来宝演变而来，因使用击节乐器而得名。快板把评书和相声的艺术手段融入其中，情节引人入胜，演唱铿锵顿挫，场面热烈火爆。竹板是快板表演使用的唯一道具，它既能为演员的说唱打节奏，又能使得表演更具观赏性。快板表演讲究"有节奏地唱，有韵味地说"，这就要求演员有扎实的基本功，平时要进行吊嗓子、聚气丹田等练习。

4. 鼓曲

鼓曲主要有京韵大鼓、苏州弹词、晋北说唱道情、凤阳花鼓等。

京韵大鼓是由河北流行的木板大鼓演变而来的曲艺形式，具有半说半唱，说中有唱，唱中有说的特点。表演时，演员自击鼓、板掌握节奏，主要伴奏乐器是大三弦和四胡，有时也会使用琵琶。

苏州弹词以说、噱、弹、唱为主要艺术手段。说指叙说，融叙事与代言为一体；噱指放噱，即逗人发笑；弹指使用三弦或琵琶伴奏，既可自弹自唱，又可相互伴奏；唱指演唱。苏州弹词的表演形式有一人的单档、二人的双档和三人的三档等。其艺人在长期的说唱表演中形成了官白、私白、咕白、表白、衬白、托白等说表手法和技巧，既可表现人物的思想活动、内心独白和对话，又可以说书人的口吻进行叙述、解释和评议，富有人文气息。

（三）艺术特征

（1）曲艺以说讲和歌唱为主要手段，语言生动活泼、易于上口。

（2）曲艺表演简便易行，需要的道具少，即便没有道具也能表演，可以通过形式相对简单的说唱技艺演绎内容多样的故事。

（3）曲艺表演能与时俱进，更贴近生活，更适合大众口味。

（4）曲艺演员具备扎实的说唱功底、高超的模仿能力和丰富的社会阅历，能让观众享受到身临其境的艺术美感。

（四）艺术手法

曲艺表演所采用的艺术手法主要有说、唱、演、评、噱、学六种。

（1）说是曲艺表演中最重要的艺术手法，行内有"说为君，唱为臣""七分话白三分唱"等说法。其基本要求是吐字清晰、生动传神。

（2）唱指类似说话的演唱，基本要求是按字行腔、声腔动听。

（3）演指表演者的面部表情、体态动作等与声调、语气高度配合，基本要求是表情自然，辅助性动作适当。

（4）评指表演者在表演过程中对涉及的人物或事物进行评论，基本要求是观点鲜明、贬恶扬善。

（5）噱指表演中要有适当的噱头，让观众轻松愉悦地享受表演，基本要求是风趣幽默、俗不伤雅。

（6）学指表演者根据曲艺种类和题材，熟练地模仿表现对象的声音、行为、表情等，基本要求是绘声绘色、惟妙惟肖。

知识链接

曲艺行业术语举例

使活儿：演节目。

班底：演出队伍中相对稳定的骨干演员。

倒口儿：说方言。

扣子：故事中的悬念。

逗哏：相声演员用滑稽有趣的话引人发笑，或指相声表演中的主角。

捧哏：作为配角的相声演员用话语、动作或表情配合主角引人发笑，或指相声表演中的配角。

五、书法

书法是中国文化中独特的代表性艺术，其悠久的发展过程是一个不断传承与创新的过程。

（一）书法简史

迄今为止，我国发现的最早的文字是三千余年前的商代甲骨文。商代晚期，铸刻在青铜器上的文字逐渐增多。周代，在青铜器上铸刻文字的现象更为普遍，后人称其文字为"铭文""钟鼎文"或"金文"。西周末年，金文日趋规范，线条圆润、均匀，形成了"大篆"。后来，相传周宣王时的太史籀以大篆为基础，创造了"籀文"。籀文被刻在石鼓上，故又名"石鼓文"。春秋战国时期，青铜器减少，大量的石刻记录取代了青铜记录，碑刻兴起。

秦始皇统一中国后施行"书同文"，以秦国文字为基础，将大篆规范整理为小篆。小篆又叫秦篆、玉筋篆，注重章法，字体结构体现了平衡、对称的审美思维和情趣。因小篆艰涩，不易推广，相传由秦代的程邈将其改造为"隶书"。到了汉代，隶书成为主要书体，字体结构日趋规范，逐渐走向成熟。有人以隶书为基底，将其简化，形成了"章草"。

魏晋南北朝时期，书法从"无法"向"有法"过渡，由感性向理性发展。一批文人墨客开始用草、行、楷等书体进行创作，抒发个人感情，这成为后来中国书法的主流。王羲之的书法自成一体，被称为"王字"，他本人被称为"书圣"，他的晚期作品《兰亭集序》被称为"天下第一行书"。王献之继承其父的传统，在章草的基础上有所创新，有人认为是他创立了"今草"。这父子二人并称"二王"，后来历代均有众多书法家对"二王"的传统加以继承和创新。

隋代书法家中较有影响的首推蜀王杨秀，他撰写的《美人董氏墓志铭》上承北魏旧体，下开唐朝新风，具有承上启下的作用。唐代书法艺术按其发展可分为初唐、中唐、晚唐三个时期。初唐出现了欧阳询、虞世南、褚遂良、薛稷四大家，确立了楷书的法则。中唐时期，草、行、楷皆盛极一时，出现了书法史上继王羲之之后的里程碑式的书法家颜真卿，其一改初唐书风，奠定了楷书正统，他的楷书代表作有《多宝塔碑》《颜勤礼碑》。晚唐颇有建树的书法家有柳公权、杨凝式。柳公权与颜真卿齐名，其书法并称"颜筋柳骨"。宋代书法家中被后世推崇的有苏轼、黄庭坚、米芾和蔡襄四大家。

元代赵孟頫五体兼备，以楷、行著称，世称其书法为"赵体"，代表作有《洛神赋》《赤壁赋》等。明代董其昌书崇晋唐，其书法兼有"颜骨赵姿"之美。明末清初的王铎、傅山书风骨气深厚，王铎的代表作有《拟山园帖》等。

（二）文房四宝

在中国古代，笔、墨、纸、砚是最常见的书写工具，被称为"文房四宝"。

1. 笔

毛笔是中国传统书写工具，主要由笔头和笔杆两部分组成，笔头长的叫"长锋"，笔头短的叫"短锋"。毛笔从性能上可分为三类：软毫、硬毫和兼毫。笔头所用的材料比较柔软的叫软毫，羊毫就属于软毫。软毫笔性柔软，弹性差，但易于浸墨，适于写圆润丰满的书体。硬毫是笔头所用材料弹性强的毛笔，适于书写刚健劲挺的书体，如狼毫就属于硬毫。兼毫是用狼毫作为笔头的中心部分，用羊毫包在四周的毛笔，用这样的笔写出来的字刚柔相济，适于写方圆转换频繁的书体。根据笔头的大小，毛笔又可分为小号、中号、大号、斗笔等。

2. 墨

墨和毛笔不可分离。墨可分为固态的墨块和液态的墨汁两类。墨块要在砚台上加水研磨成墨汁后使用，清代出现了制作好的墨汁。现在人们练习书法时主要使用墨汁。

3. 纸

宣纸是中国书法的主要用纸，原产于安徽泾县，唐代时泾县属于宣州，故称宣纸。宣纸按尺寸可分为三尺、四尺、丈二等多种；按厚薄可分为单宣、夹宣等；按制作工艺可分为生宣、熟宣。此外，皮纸、高丽纸也可以作为书法用纸。

4. 砚

砚，也叫砚台，是用来研磨墨块的工具。砚的样式很多，有的砚还有盖子，防止墨汁很快变干。

（三）常用字体

汉字产生后，逐步形成了篆书、隶书、楷书、行书、草书等书体。现在最常用的书体有楷书、草书、行书和隶书。

1. 楷书

楷书也称"正楷"，形体平正，结构和笔画形态规范有序，可作为书体的楷模，由此得名。根据字体的大小，楷书可以分为小楷、中楷、大楷等。欧阳询、颜真卿、柳公权和赵孟頫被后世称为"楷书四大家"。他们的楷书各具特点，分别被称为"欧体""颜体""柳体""赵体"。

2. 草书

草书分为章草和今草。与隶书同一时期的草书一般不连写，称为章草；与楷书同一时期的草书流畅简洁，称为今草。后人根据草书的形态，又把草书分为小草、狂草等。唐代怀素的《自叙帖》就是狂草的佳作。

3. 行书

行书是介于草书和楷书之间的一种书体，它既不像草书那样奔放，又没有楷书那样端正。其字体偏于楷书则称为行楷，偏于草书则称为行草。行书风格各异、特色鲜明。王羲之的《兰亭集序》、颜真卿的《祭侄文稿》、苏轼的《黄州寒食帖》艺术价值极高，被后人称为"天下三大行书"。

4. 隶书

隶书的典型特点是长横起笔处状如蚕头，收尾处状如燕尾。成熟期的隶书字体结构大多为横向展开，字形方中见扁。《石门颂》《乙瑛碑》《曹全碑》等碑帖是汉隶作品的代表。

（四）笔法

笔法是创作书法作品时的特有技法。常用笔法有中锋、侧锋和逆锋三种。中锋是书写时用笔的主要方法，"折钗股""屋漏痕"就是中锋行笔的变异手法。侧锋是书写时将毛笔倾斜，使中心位置偏于侧面的方法。逆锋是指落笔时笔锋先逆行，再转回顺行的方法，用笔力度可透纸背。

知识链接

毛笔的四德

尖、圆、齐、健是毛笔的"四德"。尖，即笔锋要尖锐；圆，即笔肚要丰满；齐，即笔毫铺开后要整齐；健，即笔锋要有弹性。

六、绘画

中国传统绘画原本称为画、绘或丹青。明清时，西洋画传入中国，为了与之区别，渐渐产生了中国画、国画等名称。传统绘画包括绘在纸上、绫绢上的绘画，刻在山崖、石壁上和陵墓中的刻绘，以及绘制在各种建筑廊檐上的彩绘等类型。

（一）绘画简史

中国传统绘画最早可以上溯到远古岩画和新石器时代的陶器彩绘，如陕西西安半坡遗址出土的"人面鱼纹彩陶盆"。早期绘画是人们对具体现象的简单再现，体现了对美的追求。

秦汉时期，随葬帛画和壁画创作进一步发展，青铜纹饰、帛画、漆画等的艺术化趋势增强，还出现了与书法同时发展的石、砖画像，其笔法类似书法之笔法，这是"书画同源"，即传统书法、绘画产生于同一背景下，并一脉相承的一个依据。

魏晋南北朝时期，绘画作为一种艺术表现形式独立出来，出现了一批知名的文人雅士画家。顾恺之的《洛神赋图》虽是人物画，却在背景中描绘了自然山水，开山水画的先河。

隋唐时期，绘画得到发扬光大，山水画、花鸟画与人物画齐头并进，名家名作大量涌现，张萱的《虢国夫人游春图》、吴道子的《送子天王图》等闻名于世。

宋代在宫廷中设立了"翰林书画院",宫廷画得以兴盛。宋徽宗赵佶为院体画的代表人物,其代表作有《芙蓉锦鸡图》《池塘秋晚图》等。张择端的《清明上河图》成为传世的经典之作。文人画家苏轼、黄庭坚、米芾等擅长画山水、花鸟等题材,开拓了传统绘画的审美视野。

元代,文人画得以进一步发展,趋向将诗、书、画集于一体,最能展现画家的人品、学问、思想,具有极高的审美价值。有的画家在山水画的表现手法上做了大胆尝试,对后来绘画的发展产生了很大影响。

明代绘画流派纷呈,画法多变,并且受到了文人画、西洋画的影响。苏州一带的画家形成了"吴门画派",其中沈周、文徵明、唐寅、仇英合称"吴门四家"。

清代,一部分文人墨客以明代遗民自居,隐于山野,形成了"明遗民画派",石涛、朱耷、龚贤等是该派代表人物。扬州一带出现了著名的以卖画为生的文人画家"扬州八怪"。这一时期画派的地域特色突出,常州画派、扬州画派及晚清的海上画派等都是具有地域特色的画派。

(二)分类

传统绘画按题材可分为人物画、山水画、花鸟画等。

1. 人物画

人物画就是描绘人物形象的画。人物画又分为道释画、仕女画、肖像画、风俗画和历史故事画。

2. 山水画

山水画是以山水等自然景观为描绘对象的画。山水画又分为青绿山水画、金碧山水画、水墨山水画、浅绛山水画四类。

3. 花鸟画

花鸟画指以花卉、蔬果、草虫、鸟兽等动植物为描绘对象的画。花鸟画又分为工笔、写意、兼工带写三类。

除此之外,按工具、材料、技法的不同,绘画还可分为水墨画、版画、水彩画、水粉画等。

(三)中国画技法

中国画技法包括墨法、笔法、画法。

1. 墨法

这是指利用水使墨产生浓淡、干湿、深浅的不同效果的技法。墨法追求变化的效果,水量的不同可以形成焦、浓、重、淡、清五种变化,色泽上则可以形成黑、白、浓、淡、干、湿六种效果。

2. 笔法

山水画大师黄宾虹说："书画同源，贵在笔法。"这说的是书、画的笔法相近，书之笔法即为画之笔法。

五代时的荆浩在其山水画论《笔法记》中说："凡笔有四势，谓筋、肉、骨、气。笔绝而不断谓之筋，起伏成实谓之肉，生死刚正谓之骨，迹画不败谓之气。"

用笔的力度和运转讲究"平、圆、留、重、变"。"平"若锥画沙，"圆"若折钗股，"留"若屋漏痕，"重"若高山坠石，"变"若惊蛇入草。

3. 画法

（1）水墨画。以水墨为主，不着色或少着色，多用于写意画。

（2）浅绛色。轻着色，以花青、藤黄、赭石为主色，多用于写意画。

（3）重彩。用色重、渲染浓，以石青、朱砂等为常用颜料，多用于描绘花鸟和建筑。

（4）泼墨。将墨挥洒在纸上，宛如泼出，以表现豪放。

（5）工笔。点线笔画工整细致。

（6）白描。单用线条来描绘形象。

（7）写意。用简练的笔墨表现物体的形神和意境。

知识链接

《清明上河图》

《清明上河图》出自北宋画家张择端之手，是一幅精致、写实的风俗画，描绘了北宋京城汴梁（今河南开封）物阜民丰、兴旺繁荣的景象。画面全长 528.7 厘米，分为郊野春色、汴河码头、市井街道三段。画中大街小巷、河港池沼、茶楼酒肆、茅屋村舍错落有致，舟、车、轿随处可见，众多人物神态各异，内容十分丰富，真实生动地展示了北宋时期城市生活的多彩面貌，具有极高的艺术价值和史料价值。

拓展活动

活动项目：全班同学观看电影《梅兰芳》

活动准备：

1. 场地：学校多媒体教室。

活动流程：

1. 集合进场。

2. 观看电影。

3. 返回教室讨论观后感想。

4. 教师归纳总结。

活动评价：

电影《梅兰芳》和哪种华夏瑰宝紧密相关？电影中这种华夏瑰宝在传承过程中遭遇了哪些阻碍？

活动反思：

1. 我们能为中华优秀传统文化的传承做些什么？

2. 你对在本次活动中自己的表现感到：

非常满意 ☐　　一般满意 ☐　　不满意 ☐

主要参考文献

[1] 喻本伐.千年民俗文化 [M].北京：清华大学出版社，2016.

[2] 田广林.中国传统文化概论 [M].北京：高等教育出版社，2022.

[3] 杜明书.中国传统文化 [M].武汉：武汉大学出版社，2016.

[4] 伍雄武.中华民族的形成与凝聚新论 [M].昆明：云南人民出版社，2014.

[5] 孟世杰.先秦文化史 [M].济南：山东画报出版社，2022.

[6] 高洪雷.中华民族的故事 [M].武汉：长江文艺出版社，2016.

[7] 王作楫，王臻，贺艳春.中华传统民俗礼仪 [M].北京：气象出版社，2014.

[8] 董晓萍.经典民俗学十二讲 [M].北京：商务印书馆，2022.

[9] 杨寿川.云南特色文化 [M].北京：社会科学文献出版社，2006.

[10] 邓永进，薛群慧，赵伯乐.民俗风情旅游 [M].昆明：云南大学出版社，2007.

[11] 乌尔沁.中华民俗 [M].北京：中国致公出版社，2002.

[12] 马明博，肖瑶.舌尖上的中国：文化名家说名吃 [M].北京：中国青年出版社，2012.

教学资源服务指南

高等教育出版社

感谢您使用本书。为方便教学，我社为教师提供资源下载、样书申请等服务，如贵校已选用本书，您只要关注微信公众号"高职素质教育教学研究"，或加入下列教师交流QQ群即可免费获得相关服务。

最新目录
样书申请
资源下载
写作试卷
线上购书

师资培训　　教学服务　　教材样章

"高职素质教育教学研究"公众号

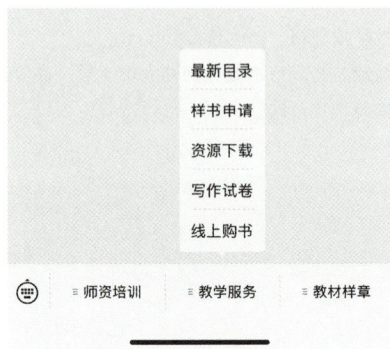

资源下载：点击"**教学服务**"—"**资源下载**"，或直接在浏览器中输入网址（http://101.35.126.6/），注册登录后可搜索下载相关资源。（建议用电脑浏览器操作）

样书申请：点击"**教学服务**"—"**样书申请**"，填写相关信息即可申请样书。

样章下载：点击"**教材样章**"，可下载在供教材的前言、目录和样章。

师资培训：点击"**师资培训**"，获取最新直播信息、直播回放和往期师资培训视频。

联系方式

高职人文素质教师交流QQ群：167361230
联系电话：（021）56961310　电子邮箱：3076198581@qq.com